De fato, este livro está repleto de histórias magnéticas que fazem você querer voltar ao trabalho e repensar completamente como conta a história de sua empresa, se não a sua. Ao terminar a leitura, você desejará unir razão e emoção e saberá que contar histórias é o segredo para essa união. É uma leitura fácil e envolvente, com poderosos casos de sucesso e várias notas de rodapé que o divertirão ao longo do caminho.

— **Jenelle McMaster, sócia-gerente de mercados da EY Oceania**

Este livro está repleto de ensinamentos valiosos. *Histórias Magnéticas* é cativante, com explicações claras, exemplos relevantes e resultados práticos que levam você à sua própria jornada para se tornar um melhor contador de histórias.

— **Tim Duggan, autor de** *Cult Status: How to Build a Business People Adore* **e cofundador da Junkee Media**

Uma marca, seja pessoal, seja uma empresa, precisa ter conexão humana. A melhor maneira de nos conectarmos é por meio do poder do storytelling inspirador e comovente. Seja comunicando sua estratégia, sua visão, seus valores ou apenas sua construção de relacionamentos, uma história autêntica terá maior impacto e será lembrada e recontada. *Histórias Magnéticas* está repleto de ótimos exemplos de "casos de sucesso" e dará a qualquer leitor a confiança para criar suas mensagens e, então, contá-las.

— **Michael Ebeid, ex-CEO da SBS e executivo do Grupo Telstra**

Ainda bem que Gabrielle Dolan sempre tem o que dizer, pois, quando ela escreve um novo livro e nos conta mais histórias, sua experiência nos ensina como podemos usar o poder do storytelling para obter maior conexão e envolvimento nos negócios.

Escrita em quatro partes, compartilhando os cinco tipos de histórias de que as empresas precisam e usando exemplos reais de empresas de todo o mundo, esta excelente "bíblia do brand storytelling" é uma fonte magnética de inspiração para aqueles que desejam atrair sucesso comercial. E, se quiser saber onde ela compra seus sapatos magníficos, leia a Parte III!

— **Jac Phillips, diretor sênior e gerente de marketing da Visa**

Como 2020 demonstrou tão precisamente, vivemos em um mundo exigente e imprevisível, no qual a marca de uma organização e sua liderança devem obter confiança e se conectar de maneira real e significativa com clientes e funcionários. *Histórias Magnéticas* apresenta um modo relevante e assimilável de alcançar esse objetivo por meio do storytelling.

— **Carrie Hurihanganui,**
diretora de operações da Air New Zealand

Gabrielle cativa os leitores ao demonstrar o poder das histórias. Ela revela como as histórias influenciam decisões e criam uma conexão emocional que nos ajuda a lembrar delas. Para aqueles que ainda não estão convencidos do poder do storytelling na construção de uma cultura e marca, Gabrielle enfatiza essas realidades e compartilha dicas práticas para implementar o storytelling em sua organização.

— **Heather Brilliant,**
presidente e CEO da Diamond Hill Capital Management

A importância do storytelling e a capacidade de pintar um quadro mental memorável e visual são imprescindíveis para os líderes conectarem emocionalmente a equipe ao quê e ao porquê. *Histórias Magnéticas* é um lembrete útil para não cair na armadilha de "não deixe o público atrapalhar minha mensagem". A história deve ter relevância e significado. Os casos de sucesso, os exemplos e as perguntas compõem um livro prático para usar em vez de deixar acumulando poeira.

— **Gavin Slater,**
diretor-gerente e CEO da Nimble

Sempre que leio a sabedoria de Gabrielle, me lembro da necessidade de prestar mais atenção às histórias que conto. *Histórias Magnéticas* reforça o poder emocional do storytelling. Este livro é um lembrete de que as histórias constroem conexões profundas com nossos stakeholders para o aprimoramento de nós mesmos como indivíduos, das equipes e das organizações. Mais uma vez, Gabrielle acertou em cheio!

— **Gretchen Gagel, diretora-gerente da Conversant Ásia-Pacífico**

Nos meus trinta anos de negócios, vi muitas empresas terem dificuldade com a comunicação autêntica de sua história de marca, de quem são e de por que devemos escolhê-las. Pior ainda, o storytelling é frequentemente tratado com certa desconfiança, como se fosse uma habilidade irrelevante.

No entanto, os líderes (e as empresas) mais fascinantes são aqueles que realmente conseguem se conectar com as pessoas, inspirá-las e envolvê-las em sua missão.

Em seu novo livro, *Histórias Magnéticas*, Gabrielle Dolan apresenta o storytelling como uma habilidade essencial para se conectar com clientes e funcionários, para dar vida à sua marca. Este livro é um guia simples e acessível que recorre a casos de sucesso fundamentados para mostrar como as empresas bem-sucedidas construíram sua marca e reputação por meio de histórias e atitudes.

Eu vi Gabrielle em ação, inspirando e ensinando as pessoas sobre o poder do storytelling. Neste livro, ela dá vida a essa habilidade e paixão com um estilo espontâneo e assimilável.

Grandes histórias, regras simples e insights poderosos — este livro é um guia essencial para qualquer pessoa que deseja causar um impacto positivo em seus funcionários e clientes e para qualquer empresa que pretende construir sua marca de forma mais eficaz por meio do storytelling.

— **Anthony Healy,**
CEO e diretor-gerente do Australian Business Growth Fund

Em *Histórias Magnéticas*, Gabrielle surpreende mais uma vez. Ninguém imaginaria que uma história sobre um peixinho dourado poderia entregar uma mensagem poderosa sobre o significado da mentalidade de dono ou que a história sobre a criação de um fabricante de papel higiênico poderia ser tão inspiradora (e engraçada). *Histórias Magnéticas* é envolvente, instigante, assimilável, divertido e, o mais importante, prático.

— **Stephen Purcell, diretor não executivo da Nexia Australia**

Adorei este livro! O brand storytelling é uma das características de uma marca forte. Empodere sua equipe com informações e inspire-a a transmiti-las.

— **Adam Ferrier, autor de *Stop Listening to the Customer* e**
fundador da Thinkerbell

Uma leitura cativante e informativa do começo ao fim. As diferentes histórias de empresas e pessoas realmente consolidaram minha compreensão do poder do storytelling e de como criar um acervo de histórias de marca em minhas equipes.

— **Anne Bennett, executiva sênior**

Como o responsável por fomentar a cultura dentro de uma organização, o livro de Gabrielle — *Histórias Magnéticas* — me deu inspiração para envolver criativamente minha equipe e garantir uma cultura duradoura de storytelling sobre desempenho, resiliência e exemplo de liderança. Recomendo este livro para qualquer pessoa que queira engajar os funcionários em um nível mais profundo.

— **James Bell,
diretor-gerente da Bloomberg Austrália e Nova Zelândia**

Em *Histórias Magnéticas*, Gabrielle Dolan apresenta novamente o poder do storytelling, sobretudo para fins de "sobre nós".

Este livro me fez refletir sobre como trabalhar em casa durante a Covid deu uma oportunidade para conversas "sobre mim" com muitos membros de nossa equipe. Suas histórias pessoais magnéticas revelaram mais sobre nossa cultura e por que eles querem trabalhar para nós do que qualquer material de recrutamento revelaria.

Histórias Magnéticas é um lembrete oportuno do poder das histórias de marca e um guia prático sobre como implementar o brand storytelling.

— **Lee Scales, CCO da UniSuper Management**

Gabrielle desenvolveu metodologias de comunicação criteriosas e comprovadas para ajudar os líderes a prosperar em um mundo cada vez mais desordenado de longas declarações de missão e elaboradas descrições de valores. Gabrielle convence o leitor de que a prática do bom storytelling nos envolve emocionalmente, conectando a organização aos nossos valores pessoais.

Em *Histórias Magnéticas*, Gabrielle desmistifica a arte do storytelling. Como um manual sobre essa arte, os capítulos são bem organizados com seções "confira e reflita" e perguntas de autoavaliação bastante úteis. Em um mundo de reuniões virtuais em vez de conversas presenciais, este livro é um recurso fantástico para a missão de se conectar com os outros de maneira tangível.

— **Sarah Williamson, diretora-executiva da Antarctica New Zealand**

Em um momento em que a conexão é extremamente importante, Gabrielle nos concede o dom do compartilhamento e nos mostra como criar histórias magnéticas que cativam nossos clientes e nossa equipe. Uma leitura obrigatória para todos que desejam se conectar pela emoção, e não apenas por fatos e lógica. Mal posso esperar para grifar e marcar algumas páginas (um sacrilégio, eu sei!). Os momentos de verificação e reflexão são um golpe de mestre.

— **Christine Corbett, CCO da AGL**

Em *Histórias Magnéticas*, Gabrielle fornece uma visão completa de como uma organização pode não apenas comunicar sua marca, mas também se conectar profundamente com todos os tipos de stakeholders por meio do poder do storytelling. Em vez de teoria, Gabrielle apresenta muitas histórias reais para demonstrar o resultado das organizações que seguiram esse caminho. Abrangendo histórias de origem, de valores fundamentais, de experiência do cliente, de descobertas pessoais dos funcionários e histórias para a comunidade em geral, Gabrielle convida o leitor a perceber o papel crítico do storytelling ao se conectar a cada um desses grupos de maneira envolvente, autêntica, emocional e relacionável. Gostei especialmente do foco nas histórias pessoais e de como elas conectam as pessoas à visão e ao propósito de uma empresa.

Embora minha organização já tenha um programa abrangente de histórias, obtive muitos novos insights práticos deste livro de Gabrielle. Descobri muitas áreas nas quais o storytelling pode ser aplicado.

— **Chris Freund, fundador e sócio da Mekong Capital**

HISTÓRIAS
Magnéticas

HISTÓRIAS Magnéticas
CONECTE-SE COM CLIENTES E ENGAJE FUNCIONÁRIOS COM O BRAND STORYTELLING

Copyright © 2023 - DVS Editora. Todos os direitos para a língua portuguesa reservados pela editora.

MAGNETIC STORIES
CONNECT WITH CUSTOMERS AND ENGAGE EMPLOYEES WITH BRAND STORYTELLING

Copyright © John Wiley & Sons Australia, Ltd 2021. All rights reserved.
This translation published under license with the original publisher John Wiley & Sons, Inc.

Nenhuma parte deste livro poderá ser reproduzida, armazenada em sistema de recuperação, ou transmitida por qualquer meio, seja na forma eletrônica, mecânica, fotocopiada, gravada ou qualquer outra, sem a autorização por escrito do autor.

Diagramação: Joyce Matos
Tradução: Ana Gabriela Dutra
Copidesque: Rafael Surgek
Revisão: Hellen Suzuki

Design de capa: Wiley
Foto da autora: Oli Sansom

Dados Internacionais de Catalogação na Publicação (CIP)
(Câmara Brasileira do Livro, SP, Brasil)

Dolan, Gabrielle
  Histórias magnéticas : conecte-se com clientes e engaje funcionários com o Brand Storytelling / Gabrielle Dolan. -- 1. ed. -- São Paulo : DVS Editora, 2023.

  ISBN 978-65-5695-083-9

  1. Administração de empresa 2. Comunicação 3. Gestão de negócios 4. Marca de produtos - Marketing - Administração 5. Planejamento estratégico 6. Vendas I. Título.

22-140535   CDD-658.802

Índices para catálogo sistemático:

1. Marketing : Administração estratégica :
      Administração de empresas   658.802

Aline Graziele Benitez - Bibliotecária - CRB-1/3129

Nota: Muito cuidado e técnica foram empregados na edição deste livro. No entanto, não estamos livres de pequenos erros de digitação, problemas na impressão ou de uma dúvida conceitual. Para qualquer uma dessas hipóteses solicitamos a comunicação ao nosso serviço de atendimento através do e-mail: atendimento@dvseditora.com.br. Só assim poderemos ajudar a esclarecer suas dúvidas.

HISTÓRIAS
Magnéticas

**CONECTE-SE COM CLIENTES E
ENGAJE FUNCIONÁRIOS COM O
BRAND STORYTELLING**

GABRIELLE DOLAN

www.dvseditora.com.br
São Paulo, 2023

Para meu pai, cujas atitudes criaram histórias magnéticas que serão compartilhadas por gerações.

Sobre a autora

Gabrielle é uma ótima contadora de histórias. Na verdade, foi enquanto trabalhava em um cargo de liderança no National Australia Bank que ela percebeu o poder do storytelling na comunicação comercial eficaz. Desde essa epifania, Gabrielle encontrou sua vocação como líder de pensamento em comunicação real e storytelling de negócios.

Educadora, autora e palestrante internacional altamente requisitada, ela trabalhou com milhares de líderes de todo o mundo. Seus clientes incluem EY, Accenture, Visa, Amazon, Australia Post, National Australia Bank, Vodafone, Telstra, BlueScope Steel e Obama Foundation, para citar alguns.

Ela tem mestrado em Gestão e Liderança pela Universidade Swinburne e graduação em Educação e Formação pela Universidade de Melbourne. É pós-graduada pela Harvard Kennedy School of Executive Education em Arte e Prática de Liderança Adaptativa e Mulheres e Poder: Liderança em um Novo Mundo.

Gabrielle também é autora best-seller de *Real Communication: How To Be You and Lead True*, finalista do Australian Business Leadership Book Awards de 2019. Seus outros livros incluem *Stories for Work: The Essential Guide to Business Storytelling* (2017), que alcançou o primeiro lugar nos livros de negócios mais vendidos da Austrália; *Storytelling for Job Interviews: How to Use Stories, Nail an Interview and Land Your*

Dream Job (2016); *Ignite: Real Leadership, Real Talk, Real Results* (2015), que alcançou o top cinco nos livros de negócios mais vendidos da Austrália; e *Hooked: How Leaders Connect, Engage and Inspire with Storytelling* (2013).

Acrescentar humanidade à forma como os empresários se comunicam não é apenas uma carreira, é uma vocação. A expressão derradeira de sua paixão pela causa é o movimento Jargon Free Fridays, que Gabrielle criou em 2016 como uma forma divertida de conscientizar sobre o vício do mundo dos negócios em jargões e siglas. (Nunca diga a palavra "pivot" para ela, a menos que esteja falando de netball ou basquete.)

Em 2020, sua dedicação foi reconhecida com o prêmio de Comunicadora do Ano pela International Association of Business Communicators da região Ásia-Pacífico.

Gabrielle mora em Melbourne com o marido, Steve, e as duas filhas, Alex e Jess.

gabrielledolan.com

Agradecimentos

Enquanto escrevo estes agradecimentos, Jess, minha filha mais nova, está sentada ao meu lado dizendo: "Você pode me mencionar primeiro, por ser sua favorita?" Os pais não devem ter filhos favoritos (nós temos, mas, para ser justa, isso muda diariamente, às vezes a cada hora). Porém, com toda a seriedade, devo agradecer à minha família primeiro, considerando que eles me permitem escrever muitas histórias sobre eles. Então, para minhas duas filhas, Alex e Jess, e meu marido, Steve, obrigada por me permitirem compartilhar abertamente suas histórias. E por me apoiarem em tudo o que faço e, o mais importante, por terem orgulho do que faço.

Agradeço também a Elise Turner, minha amiga e gerente-executiva, que basicamente mantém tudo funcionando enquanto passo longas horas escrevendo com uma placa de "não perturbe" pendurada na porta. Obrigada por todo o apoio, proatividade, gentileza, confiabilidade, atenção aos detalhes e amizade.

Muito obrigada a Kelly Irving, minha editora, com quem trabalho desde meu primeiro livro. Eu comparo escrever um livro a correr uma maratona. Quando chego à marca de 15K (15 mil palavras) e fico sem energia ou perco o rumo, Kelly me incentiva e me faz continuar. Também temos um acordo de que o que acontece no primeiro rascunho fica no primeiro rascunho... ninguém nunca saberá o quão ruim ele é.

Escrever um livro é um grande esforço coletivo, então, agradeço à equipe da Wiley por novamente acreditar em minhas ideias. Obrigada a Allison Hiew por fazer outra rodada de edições. Lucy Raymond, Ingrid Bond, Bronwyn Evans e Francesca Tarquinio, é sempre um prazer trabalhar com vocês.

Extrema gratidão e respeito ao talento de Oli Sansom, que tirou a minha foto para a contracapa. Ele sempre consegue capturar a melhor versão de mim.

Muito obrigada a Scott Eathorn, que faz toda a publicidade relacionada ao livro. Seu profissionalismo, comprometimento e generosidade sempre tornam nossa colaboração satisfatória.

Obrigada às pessoas que concordaram em ler o livro e dar sua opinião. Suas críticas significaram muito, especialmente quando eu ainda estava na expectativa inicial de que o livro fosse bom.

Este livro estaria incompleto se não fossem as pessoas que aceitaram ser entrevistadas. Vocês me concederam seu tempo, seus insights e, mais importante, suas histórias. Muito obrigada por me permitirem compartilhá-las para dar vida aos conceitos deste livro.

Finalmente, obrigada ao leitor. Se escolheu este livro, você é, sem dúvida, um defensor do poder do storytelling. Acredito que você descobrirá suas próprias histórias magnéticas durante a leitura.

Introdução

Em 2019, publiquei meu quinto livro, e minha sogra, Jan, me fez uma boa pergunta. Ela questionou carinhosamente: "Você nunca fica sem ideias para escrever?" Pensei sobre isso e decidi que esperaria um bom tempo até considerar outro livro. Mas aqui estou eu de novo.

E explicarei o porquê.

Em 2005, quando comecei minha prática de contar histórias, ninguém estava falando sobre storytelling nos negócios. A reação comum que eu recebia naquela época era do tipo "Ah, todo esse lance de 'era uma vez'?!" Era algo considerado irrelevante e inverossímil ou apenas muito sentimental e "meloso".

Hoje em dia, eu nunca recebo esse tipo de reação.

AS PESSOAS PERCEBEM QUE O PODER DE COMPARTILHAR HISTÓRIAS NOS NEGÓCIOS É UMA FORMA RELEVANTE, CONFIÁVEL E EFICAZ DE SE CONECTAR COM CLIENTES E ENGAJAR FUNCIONÁRIOS.

Então, após mais de quinze anos escrevendo e falando sobre esse tema, pode parecer que minha missão foi cumprida. O uso de histórias nos negócios ganhou credibilidade e popularidade. Ótimo. Cada vez mais empresas estão implementando o storytelling. Ótimo. Não há necessidade de outro livro... certo?

Bem, ao acessar a aba "Nossa História" na grande maioria dos sites de empresa (talvez até mesmo no seu), você perceberá que, na verdade, não há nenhuma história lá. Geralmente é apenas um monte de fatos, estatísticas e datas ou palavras em excesso que só demonstram um vício em jargão corporativo. Você sabe como é — "Incorporamos design de ponta, com a melhor metodologia, para oferecer soluções centradas no cliente de maneira sustentável."

E quanto à "história de marca"? Já ouviu falar? Tenho clientes me pedindo para ajudá-los a criar sua "história de marca" o tempo todo. No entanto, me lembro de ter escrito um artigo sobre isso há mais de uma década, intitulado "Yeti and the brand story" [O Abominável Homem das Neves e a história de marca, em tradução livre]. (Alerta de spoiler: nenhum deles existe, não importa o quanto você procure.) Não há UMA história que comunique sua marca a TODOS os seus funcionários e clientes.

A realidade é que a palavra "história" está sendo mal empregada, confundindo ainda mais as pessoas. Nem sei quantas vezes li algo ou ouvi alguém se referir a algo como uma história e me vi murmurando: "Mas isso não é uma história."

Um número crescente de empresas está tentando implementar o storytelling, mas elas não têm exito e acabam perdendo oportunidades valiosas de se conectar e engajar funcionários e clientes. Seja no caso de empresários, pequenas e médias empresas ou grandes organizações multinacionais, há muitos erros e, infelizmente, vários esforços mal orientados em curso.

Por outro lado, também ouvi algumas histórias fabulosas que não foram compartilhadas — mesmo que, sem dúvida, devessem ter sido.

A ÚNICA COISA BOA DA SITUAÇÃO ATUAL É A PERCEPÇÃO DE QUE A CONEXÃO HUMANA É MAIS IMPORTANTE DO QUE NUNCA.

A Covid-19, o movimento Black Lives Matter e a crise australiana de incêndios florestais são apenas três exemplos (e isso só em 2020!) que mostram como o mundo foi desafiado e está mudando.

Nossos feeds estão abarrotados de notícias trágicas, mas também de histórias de esperança. Histórias de indivíduos tentando e fazendo a diferença, como o capitão Tom Moore — veterano de guerra do Reino Unido —, que aos 99 anos decidiu dar cem voltas em seu jardim antes de seu 100º aniversário para arrecadar dinheiro para o Serviço Nacional de Saúde (NHS, na sigla em inglês). Sua história criou uma conexão tão grande com as pessoas que ele se tornou uma celebridade, arrecadando mais de £30 milhões, e foi condecorado pela Rainha Elizabeth II em julho de 2020.

E há histórias de empresas que responderam aos desafios do coronavírus de maneiras incomuns e fascinantes, como destilarias de gin (a Four Pillars, em Melbourne, e a Archie Rose, em Sydney, por exemplo) que passaram a produzir álcool em gel. Quando hotéis em todo o mundo foram forçados a fechar, dois hotéis Marriott na Riviera Francesa doaram seus alimentos e produtos não utilizados para uma instituição de caridade infantil.

Essas histórias foram ativamente comunicadas pelas próprias empresas e criaram uma mistura inebriante de magnetismo e interesse. É impossível não ficar fascinado, pois elas se conectam conosco e nos engajam de uma forma inédita.

ESSA ATRAÇÃO MAGNÉTICA É A BASE DA DURADOURA LEALDADE À MARCA.

Sendo assim, há quatro tendências emergentes que você precisa considerar quando se trata do brand storytelling.

- **Tendência 1**: *Cada vez mais, os clientes estão tomando decisões de compra com base NOs próprios valores. Embora isso não seja novo, os consumidores mais socialmente conscientes estão percebendo seu poder coletivo quando se trata de influenciar as empresas a fazer escolhas mais éticas.*

- **Tendência 2**: *Os funcionários estão buscando um maior alinhamento entre seus valores pessoais e os valores de seus empregadores. Eles procuram trabalhar para empresas que têm um propósito maior do que apenas o lucro.*

- **Tendência 3**: *Um mundo superconectado resultou em uma onda de transparência que as pessoas chamam de "caixa de vidro". Antes das mídias sociais, era mais como uma caixa preta — difícil de ver por dentro e fácil de decorar por fora. As mídias sociais revelaram que é muito difícil esconder uma cultura interna do mundo exterior.*

- **Tendência 4**: *O surgimento da "cultura de cancelamento", na qual as pessoas usam as mídias sociais para expor qualquer empresa ou celebridade que acreditam ter feito algo errado. Elas deixam de apoiá-la e a envergonham publicamente, incentivando os outros a fazer o mesmo.*

AS EMPRESAS PRECISAM ESTAR CIENTES DO IMPACTO CONJUNTO QUE ESSAS QUATRO TENDÊNCIAS CAUSAM EM SUA MARCA.

As marcas interna e externa se tornaram uma só, e é mais importante do que nunca assumir o controle de sua marca e de suas histórias.

Portanto, este livro mostra aos líderes, de empresas pequenas a multinacionais, como lidar com essas tendências, criando e compartilhando histórias magnéticas que engajem os funcionários de forma autêntica, se conectem com os clientes e gerem fidelidade à marca.

Seus clientes e funcionários podem ser seus maiores embaixadores e apoiadores... ou detratores.

Então você precisa entender como escolher e usar as histórias certas, da maneira certa.

Neste livro, você aprenderá a:

- conectar-se com os clientes de forma mais autêntica;
- aumentar o engajamento dos funcionários;
- tomar decisões com base nos valores e propósitos da sua empresa;
- promover seus funcionários e clientes como seus maiores defensores;
- assumir o controle de sua marca e reputação para obter maior sucesso;

- entender a importância de um bom storytelling (o que é e o que não é);

- implementar o brand storytelling de forma eficaz;

- ter uma presença online mais forte ao compartilhar ótimas histórias.

Focaremos os cinco tipos de histórias de que você precisa nos negócios (independentemente do tamanho da empresa) para conectar e engajar as pessoas com sua marca. Analisaremos diversos exemplos reais para inspirar e orientar você ao longo desse processo. Também compartilharei meu método comprovado para implementar o storytelling e, assim, se conectar com clientes e engajar funcionários.

Pois é, Jan, eu nunca fico sem ideias para escrever, pois se há uma coisa que aprendi é que todo mundo ama uma boa história, mas nem todo mundo sabe como encontrar e contar uma boa história — uma história magnética.

Então vamos lá...

Como ler este livro

Raramente leio um livro de negócios do início ao fim. Talvez isso influencie meu estilo de escrita. Embora você possa ler este livro de cabo a rabo (e eu sempre me sinto lisonjeada quando as pessoas me dizem que fazem isso), não é necessário.

Este livro foi escrito em partes, com subseções em vez de capítulos, e, embora siga uma ordem lógica, você pode consultar qualquer parte, dependendo de qual é o seu interesse.

A Parte I explica o que é a marca e como o storytelling é um aspecto crucial dela. Essa parte se aprofunda um pouco na ciência por trás do motivo de as histórias serem tão magnéticas. Uma boa história pode criar essa atração imediata e irresistível para você e sua marca, como um ímã. Mesmo que você esteja totalmente convencido sobre o poder do storytelling, ainda vale a pena ler essa parte, pois ela embasa o livro e eu revelo algumas ideias muito legais sobre herança ao entrevistar James Kerr (que escreveu *Legacy: What the All Blacks Can Teach Us about the Business of Life*) e Michael Henderson (que escreveu *Above the Line: How to Create a Company Culture that Engages Employees, Delights Customers and Delivers Results*).

A Parte II explora os cinco tipos diferentes de histórias que você pode compartilhar nos negócios para engajar funcionários e se conectar com clientes.

Os tipos de histórias são:

1. Criação.

2. Cultura.

3. Cliente.

4. Desafio.

5. Comunidade.

Muitas empresas se concentram apenas em um ou dois desses tipos de histórias, e espero que essa parte do livro, repleta de exemplos diferentes, inspire você a considerar todos.

A Parte III é para as pessoas que levam a sério a implementação do brand storytelling. Independentemente do setor ou do tamanho da empresa, a abordagem que apresento nessa parte ajudará você a implementar o storytelling de forma eficaz. A palavra-chave aqui é "eficaz". Como mencionei na introdução, uma das motivações por trás da escrita deste livro foi a constatação de que muitas empresas tentam implementar o brand storytelling, mas não têm exito.

A parte IV surgiu enquanto eu buscava exemplos de histórias. Algumas empresas estavam fazendo coisas tão interessantes com o storytelling que senti que mereciam um pouco mais de espaço no livro. Os cinco negócios que apresento compreendem cinco países e setores diferentes — uma franquia de padarias em Melbourne, Austrália; um restaurante na Flórida, EUA; uma empresa de investimentos no Vietnã; uma companhia de energia elétrica na Nova Zelândia; e um hotel icônico em Singapura.

Sinta-se à vontade para ler este livro da maneira que quiser.

Sumário

Sobre a autora   13
Agradecimentos   15
Introdução   17
Como ler este livro   23

PARTE I: UNINDO MARCA E HISTÓRIAS   27
O poder do brand storytelling   29
Atração magnética   37
"Apresente a história"   43

PART II: CONTE 5 TIPOS DE HISTÓRIAS   51
Histórias de criação: Como e porque tudo começou   53
Histórias de cultura: Nossos valores e comportamentos… a energia   63
Histórias de cliente: Mostre seu impacto no mundo real   75
Histórias de desafio: Relatos de situações difíceis   85
Histórias de comunidade: Enfatizando a responsabilidade corporativa   95

PARTE III: IMPLEMENTE O BRAND STORYTELLING — 103

Definir: Saiba qual é (e qual não é) a sua marca — 107
Ensinar: Como educar contadores de histórias — 115
Coletar: Como encontrar histórias — 125
Comunicar: Onde compartilhar histórias — 135
Criar: Como originar histórias — 151

PART IV: HISTÓRIAS MAGNÉTICAS EM AÇÃO — 161

Caso de Sucesso: Ferguson Plarre Bakehouses, Austrália — 163
Caso de Sucesso: Columbia Restaurant, Flórida, USA — 173
Caso de Sucesso: The Fullerton Hotels and Resorts, Singapura (e Sydney) — 181
Caso de Sucesso: Mekong Capital, Vietnã — 187
Caso de Sucesso: Transpower, Nova Zelândia — 199

Conclusão — 211
Conecte-se comigo — 213

PARTE I
Unindo Marca e HISTÓRIAS

Então, o que é uma história e o que não é? Como contar histórias pode ajudar a comunicar sua marca? O que realmente significa o "brand storytelling" e como ele ajudará você a se conectar e engajar seus clientes e funcionários?

O storytelling não é algo fantasioso e insensato. Há algumas pesquisas bastante impressionantes conduzidas por neurocientistas em torno do papel crítico que a história, a emoção e a memória desempenham em nossas ações e decisões. Então, vamos analisar alguns desses estudos para entender por que as histórias são tão cativantes e como elas podem criar atração magnética quando usadas corretamente.

Vamos nos aprofundar para que você compreenda o que fazer — e o que não fazer — quando se trata de sua marca e de suas histórias.

O poder do brand storytelling

Na infância, eu era o que todos chamariam de moleca. Eu preferia jogar críquete e futebol ou andar de bicicleta e skate. Como eu não gostava de bonecas, é claro que nunca tive uma Barbie, e, décadas mais tarde, quando a Barbie estava sendo humilhada por não ser um bom modelo para as meninas, concordei sem nem hesitar. Eu me recusei a comprar uma Barbie para minhas duas filhas (e acho que até pedi para as pessoas não as presentearem com uma).[1]

Recentemente, entretanto, ouvi a história de fundo da Barbie e constatei que minhas suposições estavam erradas.

História de fundo da Barbie

Ruth Handler era a esposa de Elliot Handler, o cofundador da Mattel. Ela notou que Barbara, sua filha, fingia que suas bonecas de papel eram adultas. Durante a brincadeira, Barbie e Ken, seu filho (sim, Ken e Barbie foram nomeados em homenagem aos filhos de Ruth), encenavam eventos futuros. Ela também percebeu que, ao brincar com as bonecas, Barbara fingia ser cui-

---

[1] Assumi uma postura firme contra estereótipos de gênero em presentes ou cores. Ainda me lembro de ser repreendida pela minha tia idosa por colocar um chapéu preto em Alex quando ela era bebê (tecnicamente, o chapéu era azul-marinho e tinha uma flor vermelha).

dadora, enquanto Ken se imaginava como médico, bombeiro, astronauta e muito mais.

As bonecas tinham certas limitações, incluindo roupas de papel que não se encaixavam bem. Então Ruth começou a trabalhar para produzir uma boneca de plástico tridimensional com um corpo adulto e roupas de tecido.

Seu marido e outros executivos da Mattel não acharam uma boa ideia. Eles presumiram que os pais não comprariam uma boneca adulta e voluptuosa para os filhos. Basicamente, uma boneca que tinha seios.

Durante as férias na Europa, Ruth viu a boneca alemã Bild Lilli e comprou uma, pois era semelhante à sua ideia. Ela redesenhou a boneca, chamou-a de Barbie e convenceu o marido e os outros executivos a fazer um protótipo.

Em 9 de março de 1959[2], Barbie estreou na New York Toy Fair e, como dizem, o resto é história.

Ao observar os primeiros anos de algumas das Barbies profissões, é possível perceber que elas foram bastante inovadoras. Por exemplo, em 1961, tivemos a Barbie Executiva; em 1965, a Barbie Astronauta; em 1973, a Barbie Cirurgiã; em 1985, a Barbie CEO; em 1989, a Barbie Pilota. E, em 1968, a Mattel lançou a Barbie Igualdade de Direitos, uma das primeiras bonecas negras no mercado.

Segundo Ruth Handler: "Toda a minha filosofia da Barbie era que, por meio da boneca, a menina poderia ser o que quisesse. A Barbie sempre representou o fato de que uma mulher tem escolhas."

O objetivo dessa história? Bem, ela me conectou com a Barbie em um nível totalmente diferente — e você?

ESSA HISTÓRIA REALMENTE CONTRARIOU E MUDOU MINHA VISÃO DA MARCA BARBIE. E ELA INFLUENCIARÁ MINHAS FUTURAS DECISÕES DE COMPRA.

É isso que uma história pode fazer pela sua marca.

---

[2] Meu aniversário. Não 1959, apenas 9 de março.

Contos da Europa

Boas histórias atrairão pessoas para a sua marca e para a sua empresa. Essas histórias levam as pessoas a comprar seus produtos, engajar seus serviços, trabalhar para você, recomendá-lo, apoiá-lo, promovê-lo, segui-lo, referenciá-lo e continuar voltando, várias e várias vezes.

As histórias são tão poderosas que podem influenciar imediatamente as decisões de compra. A seguir, menciono outros bons exemplos que encontrei há alguns anos, durante umas férias em família na Europa.

História 1: Botas 66

Durante um tour guiado em Praga, aprendemos sobre a Botas 66. Pensamos que era apenas uma empresa de calçados comum, mas logo descobrimos que era uma marca tcheca icônica que produzia tênis. A história diz que, no regime comunista, eles eram os únicos tênis que podiam ser usados. Imagine ter apenas uma opção de tênis para comprar. Assim que a República Tcheca conquistou a independência (novamente) em 1989, a Botas 66 faliu, pois as pessoas podiam escolher outras marcas. No entanto, em 2007, dois alunos de design ressuscitaram os tênis como parte de um projeto da faculdade. Eles os modernizaram, criando cores e modelos contemporâneos, mas com um toque retrô que preservava o legado. Eles agora têm três lojas em Praga e mais de cem modelos. Dizem por aí que você ganha moral quando usa os tênis da Botas 66. E, sério, quem não deseja ter moral?

Então eu e meu marido procuramos a loja e compramos um par cada.[3]

História 2: Salsichas Currywurst

As salsichas currywurst são um famoso prato de fast-food na Alemanha. A história diz que, em 1949, pacotes com mantimentos foram distribuídos por soldados britânicos para o povo alemão. Uma mulher recebeu um pacote que continha, entre outras coisas, curry em pó e molho de tomate. Sem conhecer esses ingredientes, ela os misturou e os serviu com uma salsicha.

---

[3] Modelos diferentes, se não seria brega.

Geralmente, o prato é feito de salsicha de porco cozida no vapor e depois frita, cortada em pedaços pequenos e servida com batatas fritas, maionese, molho de tomate e polvilhada com curry em pó. Ao ouvir essa história do nosso guia de Berlim, ficamos com vontade de experimentar. No dia seguinte, decidimos ir à loja original, que começou a vender as salsichas currywurst em 1960. De fato, o sabor era surpreendentemente melhor do que a aparência, mas nunca teríamos provado o prato se não fosse pela história![4]

História 3: Ampelmann

Ampelmännchen é o nome da figura humana representada nos semáforos de pedestres da Alemanha. O Ampelmännchen de Berlim Oriental, uma figura masculina com um chapéu, foi utilizado pela primeira vez em 1969 e, após a reunificação, em 1990, começou a ser gradualmente substituído pelo Ampelmännchen genérico da Alemanha Ocidental. Isso provocou protestos e, como resultado, o Ampelmännchen da Alemanha Oriental foi reintroduzido nas cidades de todo o país. Como uma das poucas características da Alemanha Oriental comunista a ter sobrevivido à queda da Cortina de Ferro, ele tornou-se um símbolo icônico que adorna uma variedade de itens de vestuário e lembranças sob a marca Ampelmann.

Ficamos tão fascinados por essa história e marca que compramos vários itens em uma de suas muitas lojas: bonés, gorros, camisetas, meias, pirulitos, canecas de café, bolsa de laptop, copos de dose, taças de vinho e até mesmo capachos. Admito, eu posso ter exagerado, mas me contive pouco antes de comprar um semáforo real. (Só porque seria difícil levá-lo para casa.)

ESSE É O PODER DAS HISTÓRIAS COM UMA ATRAÇÃO MAGNÉTICA.

Faço questão de compartilhar essas histórias várias vezes, o tempo todo. Eu não menciono os fatos, os benefícios e nem mesmo a qualidade do produto.[5]

---

[4] Chegamos trinta minutos antes de abrir, mas ainda tivemos que esperar.

[5] Embora a qualidade de todos os itens seja excelente, as taças de vinho Ampelmann foram as melhores que já tive... Eu me arrependi de não ter comprado mais.

Suas histórias, sua marca

Se você pesquisar a definição de "marca", encontrará uma enorme variedade de termos e frases. Você também encontrará muitos artigos sobre como é difícil definir "marca".

Marty Neumeier, um dos maiores especialistas em marcas e autor de livros como *The Brand Gap* e *The Brand Flip*, apresenta sua definição ao afirmar o que uma marca *não é*: "Uma marca não é um logotipo. Uma marca não é uma identidade. Uma marca não é um produto." Neumeier acrescenta que "uma marca é a intuição de uma pessoa sobre um produto, serviço ou empresa". Eu gosto dessa definição, pois implica que a percepção de marca é uma reação emocional.

Minha definição favorita de marca, no entanto, é a de Jeff Bezos, CEO da Amazon. Sua frase é amplamente citada: "Sua marca é o que os outros dizem a seu respeito quando você não está presente."

Minha versão é:

SUA MARCA SÃO AS HISTÓRIAS QUE OS OUTROS COMPARTILHAM A SEU RESPEITO QUANDO VOCÊ NÃO ESTÁ PRESENTE.

Marca é o resultado cumulativo das atitudes de uma empresa. Assim como um indivíduo, sua marca será afetada negativa ou positivamente pelo que você faz e pelo que diz… não por suas intenções, mas por seu comportamento. (Eu adoraria levar o crédito por esse insight, mas foi o grande Dr. Stephen Covey que disse: "Nós nos julgamos por nossas intenções, mas julgamos os outros por suas ações.")

As atitudes de uma empresa são determinadas por uma combinação de cultura, valores, condutas esperadas, propósito, visão, missão e estratégia. Cada organização terá nomes diferentes para todos esses aspectos, mas coletivamente eles são a sua marca, pois influenciam o comportamento das pessoas.

Ao longo deste livro, utilizo "marca" como uma palavra abrangente para cultura, valores, comportamentos, estratégia, propósito, missão e visão.

Se uma empresa valoriza "vencer a todo custo" em detrimento de "ser honesto e agir corretamente", isso influenciará o comportamento dos funcionários e, portanto, a marca da empresa.

Se uma empresa tiver uma declaração de visão para ser a "mais lucrativa do setor" em oposição à "mais respeitada do setor", isso influenciará seu comportamento e, portanto, sua marca.

Pode ser o comportamento do CEO em uma conferência de imprensa ou da pessoa do call center atendendo a uma solicitação.

EM TODAS AS EMPRESAS, CADA FUNCIONÁRIO PODE AFETAR A MARCA POSITIVA OU NEGATIVAMENTE, TODOS OS DIAS.

Seus sentimentos em relação a uma empresa específica e as histórias que você compartilha sobre ela costumam ser baseados em uma interação positiva ou negativa que você teve ou em uma história positiva ou negativa que ouviu.

A realidade é que as pessoas já estão compartilhando histórias sobre você, quer você saiba ou não, quer você goste ou não!

Isso se aplica a indivíduos e a negócios, seja você uma pequena empresa ou uma grande multinacional; uma organização sem fins lucrativos ou uma organização governamental; uma startup ou uma instituição corporativa; uma escola ou uma equipe esportiva; uma instituição religiosa ou um partido político; um café local ou uma franquia global...

Seus funcionários compartilham histórias sobre você, assim como funcionários anteriores, funcionários em potencial, clientes, clientes em potencial, concorrentes, fornecedores, parceiros, stakeholders e assim por diante.

NUNCA É MUITO CEDO OU MUITO TARDE PARA ASSUMIR O CONTROLE DE SUA MARCA... EMBORA EU ACREDITE QUE QUANTO MAIS CEDO VOCÊ FIZER ISSO, MELHOR.

Afinal, se as histórias que os outros compartilham sobre você definem sua marca, você não gostaria de ter alguma influência sobre elas?

O que é brand storytelling?

O uso de histórias para comunicar a marca costuma ser mencionado como "brand storytelling". Às vezes, ao definir algo, é útil especificar o que ele não é. Então, como Marty Neumeier disse, o brand storytelling não é um logotipo ou um produto. Ele também não é um slogan ou uma linha do tempo. Não é um vídeo corporativo ou um comercial de TV. Não é um folheto ou o propósito, a visão e os valores declarados em uma página. E definitivamente não é apenas uma história.

É uma combinação de muitas histórias.

É uma abordagem deliberada para encontrar e compartilhar histórias, tanto internamente, com os funcionários, quanto externamente, com clientes e os demais.

É a objetividade sobre o que é a sua marca e o uso de histórias para atrair pessoas para essa marca.

Para mim, o brand storytelling é uma abordagem deliberada e sustentável para comunicar sua marca de forma autêntica, interna e externamente, por meio das histórias que você compartilha e das histórias que as pessoas compartilham sobre você com base em suas atitudes e comportamentos.

É um processo difícil e demorado.

MAS, SE FEITO CORRETAMENTE E DE FORMA AUTÊNTICA, PODE FORTALECER SUA EMPRESA E AJUDÁ-LO A ATRAIR E RETER FUNCIONÁRIOS TALENTOSOS E CLIENTES FIÉIS.

Então, vamos conhecer a ciência por trás dessa atração.

Atração magnética

Nas mesmas férias que mencionei anteriormente, visitamos o Museu da Stasi, na Alemanha. Meu marido, Steve (que adoraria passar um bom tempo em museus), e nossa filha mais velha, Alex (que estava cursando Estudos Internacionais e Política na universidade), ficaram entusiasmados. Por outro lado, nossa filha mais nova, Jess, foi convencida com a promessa de sair para comprar sapatos depois, e eu não me importei, desde que a visita durasse noventa minutos, e não o dia todo.

O Museu da Stasi documenta a influência do Serviço Secreto da República Democrática Alemã de 1950 a 1989. O layout do museu é típico, com expositores, imagens e textos explicando sua importância. Nas paredes, há linhas do tempo mostrando o que aconteceu em cada ano.

Jess e eu ficamos perto uma da outra, a fim de fazer a nossa própria fuga secreta para o café no andar de baixo. Antes de sairmos, entramos em todas as salas e lemos as informações: fatos em sua maioria diretos, com uma quantidade inacreditável de siglas. Após um tempo, Jess me disse: "Estou lendo tudo, mas não consigo assimilar nada." Você se identifica com essa sensação? Eu me identifiquei!

No entanto, entramos em uma sala que tinha histórias de indivíduos que foram pessoalmente afetados pela Stasi. Por exemplo, uma mulher contou como foi alvo de tortura psicológica, que incluía entrarem em sua casa e mudarem as coisas de lugar quando ela não estava lá ou esvaziarem os pneus de sua bicicleta enquanto ela fazia compras no supermercado. Ela disse que os incidentes eram tão bizarros que "ninguém acreditaria". Ou seja, se falasse para alguém, a pessoa pensaria que ela era paranoica ou louca.

Outro homem contou que recebia cartas anônimas afirmando que a esposa dele tinha um caso. Ele sabia que a Stasi queria destruir sua família ao abalar a confiança em seus relacionamentos pessoais.

Jess e eu lemos cada história. Passamos mais tempo naquela sala do que em qualquer outra.

AS HISTÓRIAS NÃO SÓ NOS ATRAÍRAM, MAS TAMBÉM PRENDERAM NOSSA ATENÇÃO.

E explicarei o porquê.

Feito para a memória

A neurocientista Carmen Simon é autora de *Impossible to Ignore: Creating Memorable Content to Influence Decisions*. Sua pesquisa mostra que o propósito do cérebro é tomar decisões. Ficar ou ir embora? Por aqui ou por ali? Ao ler esta frase, você está subconscientemente decidindo se deve continuar a leitura ou fechar o livro.

A pesquisa de Simon revela que toda decisão é baseada na memória. Não colocamos a mão no fogo, pois temos a memória de que podemos nos queimar. Não comemos pimenta pura, pois temos a memória de que nos faz mal. Não exageramos na bebida alcoólica, pois temos a memória de que acordaremos com ressaca.[1]

A pesquisa também demonstra que "as pessoas agem de acordo com o que lembram, e não de acordo com o que esquecem". E que, para nos lembrarmos de alguma coisa, ela precisa captar a atenção do nosso cérebro. Consequentemente, o principal motivo pelo qual não nos lembramos das coisas é porque elas não chamaram nossa atenção!

---

[1] Ok, muitas vezes ignoramos esse fato ou estamos dispostos a sofrer as consequências.

Por exemplo, quando eu tinha dezessete anos, meu cunhado me deu carona até o trabalho por dois meses. Então, quando tirei minha carteira de motorista e fui dirigindo pela primeira vez, eu me perdi completamente. Por quê? Porque antes eu não prestava atenção no trajeto. Isso já aconteceu com você?

A "morte por PowerPoint" é outro exemplo. Quando assistimos a apresentações repletas de bullet points, ficamos entediados, pois nada chama nossa atenção.

Geralmente, só ficamos atentos quando alguém compartilha uma história (uma história real e relevante). Na maioria das vezes, a história é a única coisa de que nos lembramos.

VOCÊ SE LEMBRA DE UM GRANDE PALESTRANTE QUE VIU ANOS ATRÁS? O QUE VEM À MENTE AO PENSAR NA PALESTRA DELE? É PROVÁVEL QUE SEJA A HISTÓRIA DELE OU UMA HISTÓRIA QUE ELE COMPARTILHOU.

Como a pesquisa de Simon comprova, primeiro precisamos engajar o cérebro, para chamar sua atenção, o que então leva à memória e, depois, a uma decisão.

Nas palavras de Simon, "a decisão de compra do seu comprador acontecerá no futuro, mas você pode influenciar essa decisão a seu favor agora".

Quando falo de compradores, vou além do sentido literal de comprar um produto ou serviço. Sim, isso é importante, mas também me refiro a pessoas que decidem trabalhar para você, recomendá-lo, investir em você, segui-lo ou defendê-lo.

Recorra às emoções, não à lógica

Se você leu algum dos meus livros anteriores, provavelmente já conhece uma pesquisa importantíssima do neurocientista Antonio Damasio que mostra como a emoção desempenha um papel significativo em nossa capacidade de tomar decisões. (Mas, caso não tenha lido, vou falar sobre isso novamente.)

Enquanto muitos acreditam que a lógica impulsiona nossas escolhas, a realidade é que já tomamos uma decisão com base na emoção e usamos a lógica para justificar a escolha — para nós mesmos e para os outros.

A pesquisa de Damasio analisou pessoas com danos no lobo frontal, a área do cérebro que gera emoções e ajuda a regular a personalidade. Exceto pela incapacidade de sentir ou expressar emoções, os participantes tinham capacidade intelectual em termos de memória operacional, atenção, compreensão e manifestação da linguagem. No entanto, eram incapazes de tomar decisões.

A grande maioria dos participantes poderia descrever em termos lógicos que escolha pensava que deveria fazer, mas achava difícil realmente tomar uma decisão, por mais simples que fosse, como o que comer. Essa indecisão resultava da análise repetitiva dos prós e contras de cada opção. Temos dificuldade de fazer uma escolha se não houver alguma forma de emoção influenciando-a.

Esse é o motivo pelo qual as histórias têm tamanha capacidade magnética — uma capacidade de permanecer em nossa memória e, assim, influenciar nossas decisões. Elas recorrem à emoção, não apenas a lógica, dados e bullet points.

Daniel Goleman, autor do best-seller *Inteligência Emocional*, explica que o neocórtex é a razão pela qual nossas emoções são tão poderosas. O centro emocional cerebral pode realmente "influenciar o funcionamento do restante do cérebro".

Boas histórias nos fazem sentir algo enquanto as ouvimos, seja alegria, medo, raiva ou entusiasmo. Consequentemente, sentimos algo em relação à pessoa que conta a história, o que ajuda a criar conexão.

O MESMO EFEITO PODE ACONTECER QUANDO AS EMPRESAS COMPARTILHAM HISTÓRIAS. ISSO AJUDA A CRIAR UMA CONEXÃO EMOCIONAL, UMA ATRAÇÃO PARA A SUA MARCA.

Em seu livro de 2020, *Cult Status: How to Build a Business People Adore*, Tim Duggan afirma:

Se você não controlar a mensagem e não contar a sua história, seu público-alvo não desenvolverá uma conexão emocional que gere confiança e empatia e acarrete o potencial para um culto à marca.

Força de atração

A pesquisa apresentada neste capítulo prova que explorar a emoção não apenas auxilia a compreensão de uma mensagem lógica, mas também ajuda a reter essa informação. É mais provável que nos lembremos de uma boa história do que de um monte de fatos, pois uma história nos faz sentir algo.

Como a poeta norte-americana Maya Angelou afirmou: "As pessoas esquecerão o que você disse, esquecerão o que você fez, mas nunca esquecerão o que você as fez sentir."

E ESSE SENTIMENTO PODE SER DURADOURO. ASSIM COMO UM ÍMÃ, UMA VEZ QUE HOUVER CONEXÃO, PODE SER MUITO DIFÍCIL SE AFASTAR.

"Apresente a história!"

"Conte-me os fatos e eu aprenderei. Diga-me a verdade e eu acreditarei. Mas conte-me uma história e ela viverá para sempre em meu coração."

Se esse provérbio dos indígenas norte-americanos for verdade, então por que damos preferência aos fatos? Por que ignoramos as histórias e optamos por nos comunicar e influenciar com dados, gráficos, bullet points e um monte de coisas maçantes?

Ao longo de nossa carreira, por que ouvimos "Apresente os fatos" e nunca "Apresente a história"?

Não me entenda mal: os dados são importantes nos negócios, e a lógica e os fatos são críticos para a credibilidade e o julgamento, mas, como o capítulo anterior demonstra, eles não inspiram ou influenciam da mesma forma que as histórias.

A realidade é que precisamos de ambos, fatos e histórias. No entanto, temos um viés equivocado em relação aos fatos. Um exemplo disso é a seção "Sobre nós" no site de uma empresa, em um relatório anual ou, às vezes, até mesmo no hall de entrada da sede. Geralmente, há uma lista de datas e eventos significativos sobre como e quando a empresa foi formada.[1] Mas esses esforços

---

[1] A propósito, mudar o nome da seção "Sobre Nós" para "Nossa História" não a torna uma história.

em documentar e comunicar esse histórico costumam ser falhos. Embora ele seja interessante para alguns, raramente nos ajuda a conectar e engajar nossos funcionários e clientes. Ao contrário da nossa herança.

O HISTÓRICO E A HERANÇA SÃO IMPORTANTES, MAS ENQUANTO O PRIMEIRO TENDE A EDUCAR E INFORMAR, A SEGUNDA TEM O PODER DE CONECTAR E INFLUENCIAR.

A herança em detrimento do histórico

Para explicar o que quero dizer, eu gostaria que você conhecesse o meu antropólogo favorito de todos os tempos. Bem, infelizmente, Indiana Jones não estava disponível, então contatei Michael Henderson, meu antropólogo corporativo favorito.

Michael tem mais de 25 anos de experiência trabalhando com empresas em sua cultura. Ele é autor de oito livros sobre cultura organizacional, liderança e desempenho, incluindo *Get Tribal* e *Above the Line*. Ele nasceu no Reino Unido, cresceu na África e estudou na Nova Zelândia.

Tive o privilégio de encontrar Michael em várias ocasiões para discutir storytelling e cultura enquanto apreciávamos algumas taças de vinho. Para este livro, conversamos via Zoom em uma manhã fria de inverno.[2]

Michael me explicou que a palavra "herança" vem da palavra latina *hereditatem*, que significa "herdar". Pode ser dinheiro, terras e objetos ou pode ser uma tradição. "O histórico gira em torno dos fatos, e a herança gira em torno das histórias", esclareceu Michael.

Assim como eu, Michael acredita que as histórias herdadas costumam ser ignoradas por muitas empresas. Para explicar por que isso é algo que precisa ser corrigido, vamos aprofundar o significado de herança.

---

[2] Fiquei desapontada por ele estar usando um gorro, e não um chapéu como o Indiana Jones.

Michael compartilhou comigo a origem dos *Seanchaí*, tradicionais contadores de histórias irlandeses. Por séculos, eles foram os guardiões da história na Irlanda. Seu papel era preservar o folclore, recitar o antigo conhecimento e transmitir contos de sabedoria. Michael descreve isso como um "presente cultural profundo".

Há exemplos bem-sucedidos de tradicionais contadores de histórias em outras culturas também: os aborígenes australianos e os anciões maoris da Nova Zelândia. Eles transmitem sabedoria para garantir que a cultura não seja perdida. Assim como as religiões em todo o mundo, esses povos indígenas recorrem às histórias para comunicar crenças e costumes. Até mesmo a palavra "folclore" implica crenças, costumes e histórias tradicionais de uma comunidade, transmitidas oralmente ao longo das gerações.

Muitas vezes encontramos exemplos desse folclore em viagens. Por exemplo, a Pedra de Blarney, na Irlanda, uma atração turística popular. Supostamente, a pessoa recebe o dom da eloquência ao beijar a pedra. Como ninguém sabe se isso é verdade, a história é contada ou escrita "de acordo com a lenda". Mas ela é tão poderosa que é comunicada e transmitida independentemente da veracidade.

Tenho certeza de que, ao visitar algum lugar, você acabou jogando uma moeda em uma fonte ou esfregando uma estátua para "trazer sorte". Por exemplo, o nariz de Abraham Lincoln, no Cemitério Oak Ridge; a bota da estátua de John Harvard, na Universidade Harvard; ou até mesmo os testículos do Touro de Wall Street, em Nova York.

Essas histórias são verdadeiras? Elas realmente trazem sorte? Vai saber. Mas elas têm uma atração magnética. Visitei a estátua de John Harvard, que fica sobre um grande bloco de concreto com cerca de 180 centímetros de altura. A bota está localizada na beirada e, mesmo sem nenhuma evidência de que me traria sorte, eu a esfreguei, pois a história me fez acreditar. (Eu também visitei o Touro de Wall Street, mas parei antes de esfregar os testículos... seria estranho demais.)

Com o passar do tempo, são as histórias que tornam as coisas reais, e não o acontecimento em si. Michael diz que, ao longo do tempo, "as histórias superam a verdade, superam os fatos".

Histórias que sobrevivem à passagem do tempo

Eu não estou sugerindo que você invente coisas, mas, como o trabalho de Michael nos mostra, a história faz com que algo se torne real para toda uma nova geração. A história conecta e engaja. Sem o compartilhamento contínuo da história, o acontecimento real será perdido e esquecido.

Por exemplo, você já ouviu a história de Roger Corbett, o CEO aposentado da Woolworths, e um carrinho de compras? (Não, não é uma piada.) Ao que parece, em 1998, quando ainda administrava as operações de varejo, ele encontrou um carrinho vazio da Woolworths e o empurrou do Circular Quay, perto da Ópera de Sydney, até a Woolworths Town Hall: um trajeto de 1,5km.

Na época, Corbett estava criando uma cultura de atenção aos detalhes e redução de custos. Ele se aposentou em 2006, mas essa história ainda é compartilhada; ela faz parte da herança da Woolworths.

Outra história que costumo ouvir é da época em que a Apple estava desenvolvendo o primeiro iPod. Aparentemente, quando os engenheiros finalizaram o protótipo, eles o mostraram a Steve Jobs para aprovação. Jobs ficou insatisfeito, dizendo que era muito grande. Os engenheiros explicaram que era impossível diminuí-lo. Então, Jobs jogou o protótipo em um aquário e, quando as bolhas de ar flutuaram até a superfície, afirmou: "Se há bolhas de ar, há espaço dentro dele. Deixe-o menor."

Eu acho que Steve Jobs conhecia o poder das histórias, considerando que esta citação é atribuída a ele: "A pessoa mais poderosa do mundo é o contador de histórias. O contador de histórias define a visão, os valores e as prioridades de toda uma geração futura."

O tempo passou, mas as pessoas ainda beijam a Pedra de Blarney, na Irlanda, e esfregam partes de uma estátua para trazer sorte. E elas continuarão a fazê-lo por gerações. Da mesma forma, as histórias de Roger Corbett e Steve Jobs ainda podem influenciar a visão, os valores e as prioridades de toda uma geração futura.

Se contar as histórias certas, você também pode fazer isso.

O valor das relíquias de família

Histórias herdadas podem ser desenvolvidas a partir de comportamentos, como a devolução de um carrinho ou a imersão de um iPod no aquário, mas também podem ser associadas a relíquias de família. Lembre-se de que a palavra "herança" vem da palavra "herdar": muitas vezes há uma história valiosa por trás de algo que foi transmitido em sua empresa.

Meu pai faleceu recentemente e, ao organizar os pertences dele, mamãe nos perguntou se queríamos algo. Curiosamente, cada um de nós valorizava um item que não tinha importância para o outro — organizadores de baralho que papai havia feito para ele e seus amigos quando jogavam todo sábado à noite após a igreja; uma caixa de joias que ele tinha montado; seu velho kit de ferramentas. Esses itens não tinham valor monetário, mas a história os tornava valiosos.

A HISTÓRIA CONECTA E CRIA VALOR PARA O PÚBLICO.

Durante o lockdown da pandemia de coronavírus, houve um aumento nos desafios de redes sociais pedindo às pessoas que postassem uma foto de viagem durante dez dias, sem qualquer explicação. Ou um álbum de música que significasse algo para elas, novamente, sem qualquer explicação. Achei isso bem irritante, pois, sem a história de fundo, é a mesma coisa que nada.

Anos atrás, quando trabalhava em um call center de uma revista de carros em Londres, Michael me contou o seguinte:

> *No saguão, há uma fogueira falsa, pois a primeira reunião da equipe executiva aconteceu em torno de uma fogueira. O fogo simboliza igualdade, pois as pessoas sentadas ao redor de uma fogueira podem se ver e se ouvir. A história da fogueira é mencionada nas reuniões de vendas, nos programas de integração e nas cerimônias de premiação em todas as filiais do país.*

A fogueira falsa era uma forma de manter a história viva, conectando os funcionários aos valores da empresa, demonstrados em uma reunião que ocorreu anos antes. Muito mais poderosa do que a simples afirmação "valorizamos a igualdade", a história cria a conexão.

Rituais ajudam a contar histórias

Não são apenas as histórias por trás das relíquias que podem gerar conexão, mas também as histórias por trás dos rituais. Considere, por exemplo, a seleção de rúgbi da Nova Zelândia, os All Blacks, e o haka que eles realizam antes de cada jogo. Durante a década de 1980, os All Blacks quase pararam de fazer o haka, pois os jogadores perderam a conexão com o seu significado. Eles sentiam que era apenas uma formalidade.

Michael, que estudou os All Blacks em seu trabalho, afirmou:

> Em 1985, o Capitão Wayne (Buck) Shelford e seu colega maori Hika Reid disseram: "Ou paramos de fazer o haka ou fazemos corretamente, compreendendo seu significado." Eles escolheram a segunda opção, então Buck os ensinou. Desde então, o haka tornou-se um importante ritual da seleção, que tem a maior porcentagem de vitórias em temporadas múltiplas quando comparada a outras equipes de qualquer modalidade esportiva.

Em seu livro *Legacy: What the All Blacks Can Teach Us about the Business of Life*, James Kerr fala sobre o haka e os rituais: "Líderes inspiradores estabelecem rituais para conectar sua equipe à sua narrativa central, usando-os para refletir, relembrar, reforçar e reacender a identidade coletiva."

Entrevistei James sobre a importância das histórias por trás dos rituais, e ele concordou que "sem as histórias, o ritual perde seu poder". De fato, em *Legacy*, ele aborda um outro momento em que os All Blacks quase pararam de fazer o haka. Em 2005, ao sentirem que o haka havia se tornado apenas um espetáculo, muitos jogadores perderam a conexão pessoal com ele. Então, a seleção decidiu envolver todos os jogadores para cocriar um novo haka, com movimentos e palavras diferentes. Segundo James, "o resultado foi um novo haka, mas a consequência foi uma nova conexão", pois eles "revitalizaram uma história herdada".

James também contou que os jogadores mais antigos sempre varrem os vestiários após cada jogo. A história diz que, após tomar algumas cervejas pós-jogo, o então técnico assistente Steve Hansen notou que o vestiário estava sujo e começou a limpá-lo, e os jogadores que ainda estavam lá resolveram ajudar. Chegou ao ponto em que eles dispensavam os faxineiros, pois limpariam sozinhos. Essa atitude faz parte de sua humildade e de sua cultura de deixar algo melhor do que antes.

Deixe um legado

Um ritual não precisa ter centenas de anos para fazer parte de sua herança; histórias modernas também são herdadas. James acredita que o papel dos líderes é criar histórias para o amanhã, pois isso pode deixar um legado.

Pouquíssimas empresas focam sua herança e compartilham histórias que criam uma conexão com um acontecimento, uma relíquia ou um ritual do passado (mesmo do passado recente)... pouquíssimas.

> **VALORIZAR OS FATOS EM DETRIMENTO DAS HISTÓRIAS IMPEDE AS EMPRESAS DE COMUNICAR O QUE IMPORTA, PERDENDO A CHANCE DE CRIAR UMA ATRAÇÃO MAGNÉTICA.**

É por isso que, em uma situação profissional — quando passamos por uma porta giratória, montamos um site da empresa, redigimos um boletim trimestral, elaboramos um programa de integração, criamos uma campanha de mídia social ou colocamos um artefato do passado no saguão —, precisamos compartilhar as histórias, e não apenas os fatos.

Então, da próxima vez que ouvir "Apresente os fatos", responda "Claro — e que tal eu contar uma história magnética também?". A pessoa ficará no mínimo intrigada.

Na próxima parte deste livro, analisaremos os cinco tipos de histórias magnéticas que você deve buscar e compartilhar para desenvolver uma atração magnética e um impacto duradouro.

PARTE II
Conte Cinco Tipos de HISTÓRIAS

As histórias de marca são mais do que um vídeo corporativo instigante ou uma linha do tempo no site. Elas compreendem diferentes tipos de história e devem ser variadas.

Mas, então, quais são essas histórias que você deve contar aos clientes e funcionários?

Na Parte II, apresentarei exemplos de cinco tipos de histórias que você deve compartilhar para comunicar sua marca.

1. **Histórias de criação:** explique como e por que sua organização começou.

2. **Histórias de cultura:** divulgue funcionários que praticam os valores da empresa ou compartilham o que esses valores significam para eles.

3. **Histórias de cliente:** destaque o cliente para amplificar a voz dele.

4. **Histórias de desafio:** mostre como a organização respondeu a desafios internos e externos, grandes ou pequenos.

5. **Histórias de comunidade:** evidencie como a empresa cumpre sua responsabilidade corporativa e beneficia a comunidade.

Vamos dar uma olhada.

HISTÓRIAS DE CRIAÇÃO
COMO E POR QUE TUDO COMEÇOU

Há alguns anos, comprei roupas de banho para o meu marido no aniversário dele. Elas eram feitas a partir de redes de pesca recicladas. Como ele gosta de pescar e detesta shorts largos, eu sabia que o presente seria um sucesso (e realmente foi). No site da empresa, havia a aba "Nossa História", então é claro que cliquei para ler. Se compararmos com o padrão, não era ruim, mas eu esperava uma história mais interessante. Afinal, a ideia da empresa é bem original, você não acha?

Contatei a dona e descobri que ela passou muito tempo na praia após o nascimento do terceiro filho. Ela notou que as mulheres tinham uma grande variedade de opções quando se tratava de roupas de banho, mas os homens pareciam ter que escolher entre sungas apertadas ou shorts largos... não havia meio-termo. Durante esse tempo, enquanto tirava uma folga de seu outro trabalho, ela começou a criar trajes de banho masculinos, tendo a ideia de usar redes de pesca devido ao seu interesse em sustentabilidade e reciclagem.

Para mim, era uma história muito mais fascinante do que a apresentada em seu site.

A maioria das organizações tende a ter uma história muito interessante por trás de sua criação. Mas, em muitos casos, elas se mostram relutantes em compartilhá-la por diversos motivos.

Primeiro, acho que muitas pequenas empresas querem parecer maiores do que são; elas evitam compartilhar a história do fundador, acreditando que isso dará a impressão de um pequeno negócio.

Segundo, elas não acham que a história de sua criação é relevante ou que as pessoas se interessarão, o que está longe de ser verdade, como mostra o exemplo que acabei de apresentar.

Por fim, com tantos exemplos ruins de linhas do tempo e blurbs de marketing chamados "Nossa História", é fácil pensar que essa é a regra!

Então chegou a hora de compartilhar algumas boas histórias de criação para que você possa se inspirar e também escrever a sua.

Who Gives A Crap?[1]

Essa é uma empresa de fabricação de papel higiênico originalmente criada por três caras em Melbourne, Austrália, que se expandiu para os Estados Unidos. A seguir, apresento a história de seu "Sobre Nós", que eu adoro.

> *Claro, amamos cachorrinhos, dias ensolarados e caminhadas na praia, mas nosso verdadeiro amor é papel higiênico. Por quê?, você deve estar se perguntando.*
>
> *Primeiro de tudo, porque é engraçado. Há bastante espaço para piadas escatológicas, que adoramos.*
>
> *Mas, falando sério, nós amamos papel higiênico porque é a nossa maneira de fazer a diferença. Fundamos a Who Gives A Crap quando descobrimos que 2,3 bilhões de pessoas em todo o mundo não têm acesso a um banheiro. Isso representa cerca de 40% da população mundial e significa que cerca de 289 mil crianças com menos de cinco anos morrem anualmente devido a doenças diarreicas causadas por falta de água e saneamento. São quase oitocentas crianças por dia, ou uma criança a cada dois minutos.*

---

[1] É uma brincadeira com o fato de a empresa produzir papel higiênico e realizar ações beneficentes. O sentido seria algo como "Quem está cag*ndo pra isso?", em tradução livre. [N. da T.]

Achamos essa situação uma grande merd*. Então, em julho de 2012, Simon, Jehan e Danny fundaram a Who Gives A Crap com uma campanha de crowdfunding no IndieGoGo.

Simon sentou-se em um vaso sanitário em nosso depósito, onde venta muito, e se recusou a sair até que conseguíssemos pré-vendas suficientes para iniciar a produção. Após cinquenta horas e um traseiro gelado, arrecadamos mais de US$50 mil.[2]

Em março de 2013, entregamos nosso primeiro produto e, desde então, estamos entusiasmados em continuar crescendo. Não somente porque nosso papel higiênico está enfeitando banheiros em todo o país, mas também porque doamos 50% de nossos lucros para ajudar a construir banheiros e melhorar o saneamento no mundo em desenvolvimento.

Embora ainda estejamos crescendo e agora façamos mais do que apenas papel higiênico, sempre permaneceremos fiéis às nossas origens: humor escatológico e vontade de tornar o mundo um lugar melhor.

Duas garotas e uma destilaria de gin

Kim Seagram é cofundadora e coproprietária da Abel Gin, uma destilaria boutique com sede em Launceston, Tasmânia. Ela nasceu e cresceu no Canadá, mas, aos 28 anos, se mudou após se apaixonar por um tasmaniano em uma viagem de esqui no Canadá.

Conheci Kim por meio do Fórum Internacional das Mulheres, do qual nós duas participamos. Ouvi falar de sua produção de gin e entrei no site da destilaria. Notei a aba "Nossa História'", então, incapaz de me conter, acessei para ver se era realmente uma história... felizmente era, e uma boa história! Decidi que merecia ser incluída neste livro. Também achei adequado comprar umas garrafas de gin... para fins de pesquisa, é claro.

Duas garotas e uma destilaria... Natalie, como sabemos, é guru dos espumantes e da destilação... Kim é apenas um pouco beberrona, mas

---

[2] Para assistir ao vídeo no YouTube, pesquise "Who Gives A Crap toilet paper — First Edition".

a experiência no negócio é algo de família. Nos fundos de um armazém no Canadá, seu bisavô Joseph E. Seagram fundou a Seagram's, outrora a maior destilaria de bebidas alcoólicas do mundo. Sim, o sobrenome de Kim é Seagram, e, embora elas não tenham um armazém, sua destilaria funciona nos fundos de um antigo hangar!

Permita que nos reapresentemos

Enquanto eu realizava a pesquisa para este livro, fui apresentada a Anuroop Kumar e Lionell Ball. Eles me contaram a história de criação da sua empresa, a Inflect Digital. É uma história que eles compartilham ao conhecer os clientes e incluem em sua proposta:

Permita que nos reapresentemos...

Após prestar consultoria para mais de US$100 milhões em anúncios no Facebook, a Inflect Digital foi criada certa tarde, quando discutimos o fato de a maioria das agências não fornecer transparência e valor para os clientes.

Trabalhando para o Facebook, tivemos a oportunidade de conversar todos os dias com importantes executivos, agências e empreendedores de marketing. Nós os questionamos sobre como otimizar campanhas, dimensionar anúncios, redirecionar os clientes parados em seu funil e alocar melhor os orçamentos. Mas também descobrimos algo importante... a maioria das agências não sabia o que estava fazendo. Elas implementaram técnicas que leram em um blog ou ouviram de alguém. Havia um incrível "arrebanhamento" em torno de ideias e uma falta de soluções inovadoras adaptadas às necessidades do cliente.

Percebemos que existia essa mentalidade de rebanho, pois as pessoas não sabiam o que acontecia no back-end. Era a nossa deixa. Desenvolvemos a Inflect Digital, com a visão de que forneceríamos um serviço de anúncios de alto nível no Facebook, cobrando um preço justo das empresas.

Nossos amigos ainda acham que estamos delirando; mas, a cada campanha bem-sucedida, provamos que eles estão errados!

Cordialmente,

Anuroop & Lionell

Ao conversar com Anuroop e Lionell, perguntei se a empresa se respaldava em valores. Seus olhos brilharam e ambos assentiram, sem hesitar. Eles explicaram que, quando saíram do Facebook para abrir a própria empresa, estavam determinados a alinhar a gestão dos negócios com seus valores pessoais: qualidade, sinceridade, transparência e solução de problemas.

Eles falaram sobre a importância da transparência com os clientes e do autodesenvolvimento contínuo para que possam fornecer expertise, processos orientados por dados e automação de marketing, com o objetivo de ajudar os clientes a resolver problemas com maior eficiência.

Sua história de criação comunica esses valores.

Um bom motivo para beber

Um tipo semelhante de história é da empresa australiana Goodwill Wine, fundada por David Laity. A história no site não aborda apenas o motivo de criação da empresa, mas, no processo, mostra o que ela representa.

> *Há dez anos, perdi a maior parte dos meus bens nos incêndios do Black Saturday. Eu me senti abençoado por ter sobrevivido e recebido a ajuda dos australianos.*
>
> *Por causa das doações que vieram de todo o país, consegui recomeçar. Com uma nova motivação poderosa, minha missão se transformou em "retribuir" a incrível generosidade concedida a mim.*
>
> *Fundei um negócio que me retornou 50% de tudo o que ganhei e decidi doar esse valor para as instituições de caridade com as quais meus clientes mais se importavam. Eu amava vinho e tinha contatos incríveis em alguns grandes vinhedos que concordaram em ajudar.*
>
> *E assim, com os US$15 mil que me foram doados por pessoas como você, nasceu a Goodwill Wine.*

Desde então, a Goodwill Wine devolveu US$400 mil. Esse dinheiro:

- Comprou equipamentos de combate a incêndios, capas 7/8 e desfibriladores para bombeiros voluntários.

- Forneceu mais de 180 mil refeições para pessoas em situação de pobreza na Austrália.

- Financiou quatro investigações internacionais de crueldade animal para a Animals Australia.

- Ajudou a realocar 47 orangotangos.

- Contribuiu para a proibição de sacolas plásticas em Queensland.

- Castrou, vacinou, microchipou, vermifugou e realocou mais de 100 cães e 150 gatos.

- Salvou doze baleias ao pagar o combustível para as campanhas da Sea Shepherd no Oceano Antártico.

Contratamos australianos em situação de renda vulnerável. Metade da nossa equipe é composta de ex-desempregados e pessoas com deficiência.

Não poderíamos ter feito nada disso sem você. E é apenas o começo. Nosso objetivo é doar mais de US$1 milhão para instituições de caridade — vendendo vinho de qualidade a preços mais baixos.

Como sou exigente em relação aos vinhos que vendo, construí uma base de clientes leais que continuam voltando. A cada compra, 50% dos lucros vão para a caridade.

Quer que a sua próxima garrafa de vinho ajude a tornar o mundo um lugar melhor?

Comece suas compras! E obrigado por ler até o fim.

Se você já precisou de uma desculpa para beber vinho, essa é perfeita.

Entrei em contato com David para perguntar sobre o impacto da história, e ele disse que "ela teve um papel importante para o negócio e o crescimento da empresa". Ele também revelou que já pensou em parar de compartilhá-la, pois "sentia uma enorme culpa por ter sobrevivido aos incêndios florestais, enquanto muitas pessoas morreram". E essa culpa era agravada pelo fato de que ele conseguiu transformar uma tragédia em algo positivo.

No entanto, ao perceber que seus clientes realmente se conectavam à história, David cedeu: "Decidi aceitá-la." Mas ele está ciente de que a empresa é "maior do que sua história" e do que o motivo de sua criação, pois acredita que as histórias sobre o impacto causado também cativam clientes e estimulam os funcionários, cuja quantidade só aumenta.

David informou que recentemente, como a empresa se expandiu com a ajuda de alguns investidores anjo, eles foram capazes de fazer mais publicidade. Como um experimento, eles publicaram um anúncio no Facebook e no Instagram com a mesma história apresentada no site.

David disse que os resultados foram surpreendentes, sendo a campanha publicitária de maior sucesso da empresa. Ela converteu o dobro da taxa de seu segundo melhor anúncio de conversão e direcionou o tráfego para o site a um terço do custo de seu segundo anúncio de tráfego mais alto.

Atualmente, a empresa faz um esforço consciente para aproveitar as histórias sobre o impacto de suas doações para a caridade, compartilhando-as em newsletters e blogs.

Fiquei muito feliz por David ter aceitado sua história e decidido mantê-la como uma parte importante da marca da empresa. Muitas empresas sentem a necessidade de ir além da história do fundador à medida que crescem. Talvez o fundador pense da mesma forma que David, ou seja, que a empresa progrediu e é maior ou mais do que apenas uma história. E, claro, uma empresa é maior do que uma história. Uma marca é mais do que uma história.

COMO E POR QUE A EMPRESA COMEÇOU SÃO ASPECTOS QUE DEVEM SEMPRE FAZER PARTE DA MARCA. NUNCA DEVEM SER ESQUECIDOS.

Todos começaram de algum lugar

Até as maiores empresas do mundo começaram de algum lugar. Empresas relativamente jovens, como Google, Virgin, Facebook, Microsoft, Amazon e Apple, têm os fundadores desempenhando um papel importante na sua marca. Mesmo após a morte de Steve Jobs, ele ainda é uma parte essencial da marca da Apple.

Muitas instituições existem há uma eternidade. Fiz uma pesquisa das empresas mais antigas para ver que histórias eu poderia desenterrar e eis o resultado.

A Royal Mint foi fundada em 886, ou seja, tem mais de 2 mil anos. Ela foi criada por Alfredo, o Grande, quando ele reconquistou Londres e começou a cunhar moedas de prata com sua imagem.

Depois, há a Staffelter Hof, uma vinícola e pousada na Alemanha que funciona há mais de 1150 anos. Originalmente, a terra pertenceu à Dinastia Carolíngia de 580 a 876 d.C., quando foi doada à abadia local para trabalho e renda. Ela permaneceu na posse da abadia por 942 anos, até que foi comprada pela família atual em 1805, passando por sete gerações até chegar ao enólogo Jan Matthias Klein. (Uau!)

Precisei pesquisar essas histórias, mas não demorei esse tempo todo. Eu gostaria que tivesse sido tão simples quanto encontrá-las em seu respectivo site! Infelizmente, tive que acessar diferentes fontes. Na verdade, a aba "história" no site da Staffelter Hof me levou de volta à página da Wikipédia! Uma oportunidade perdida, pois achei a história muito fascinante.

SE VOCÊ ACHA QUE NÃO TEM UMA HISTÓRIA OU QUE ELA NÃO É TÃO INTERESSANTE, REPENSE E ACEITE O DESAFIO DE ENCONTRÁ-LA E COMPARTILHÁ-LA.

Confira e reflita

- Você sabe como e por que sua empresa começou?
- Se não, você poderia descobrir?
- Se sim, vale a pena compartilhar essa história?
- Onde você poderia compartilhar a história de criação?
- Todos os novos funcionários sabem por que a empresa começou?
- Se o fundador da empresa não está mais envolvido, ainda vale a pena compartilhar sua história?

HISTÓRIAS DE CULTURA
NOSSOS VALORES E COMPORTAMENTOS... A ENERGIA

Muitas vezes, as pessoas descreverão a cultura de seu local de trabalho como "ótima" ou "tóxica", sem ir muito além... costumam se referir a ela com uma frase como "você saberá se é adequada ou não". Parece familiar?

Isso lembra as palavras de Dennis Denuto no icônico filme australiano *No Olho da Rua*, quando ele tenta resumir seu caso para o juiz: "É a constituição. É Eddie Mabo. É a justiça. É a lei. É a energia... é isso. É a energia. Nada mais a declarar."

Ao nos referirmos à cultura, estamos falando (além da energia) dos valores e comportamentos de um grupo. Pode ser um negócio, um clube esportivo ou sua própria família. Há um certo conjunto de valores e regras que as pessoas desse grupo devem seguir.

OS VALORES DA EMPRESA PRECISAM SER COMUNICADOS DE TAL FORMA QUE AS PESSOAS ENTENDAM E SE ENVOLVAM COM ELES.

O problema é que a abordagem-padrão para a comunicação de valores parece ser imprimi-los em todas as superfícies disponíveis, sobretudo canecas e até mousepads.

Normalmente, em organizações maiores, os programas de mudança cultural envolvem criar e "lançar" um novo propósito, novos valores e novos comportamentos, muitas vezes acompanhando a nomeação de um novo CEO. Se você está nos negócios há algum tempo, provavelmente já passou por muitos "lançamentos" de valores. Talvez você tenha uma coleção de canecas e mousepads para comprovar.

Por outro lado, em pequenas empresas e startups, a cultura geralmente evolui a partir do fundador ou dos fundadores.

Acredito firmemente que a única maneira de comunicar valores é com histórias. Não com canecas, mousepads e bullet points explicando o que cada valor significa.

Existem dois tipos de histórias para comunicar sua cultura.

1. **Histórias de conexão pessoal.** Histórias que surgem da experiência pessoal (não relacionadas ao trabalho). Geralmente, os líderes as compartilham para comunicar o que os valores da empresa significam para eles, ajudando a equipe a criar uma conexão pessoal.

2. **Histórias da prática de valores.** Histórias que os líderes compartilham sobre como eles ou os funcionários praticam os valores, destacando atitudes que mostram como esses valores são na realidade.

Vamos analisar o primeiro tipo, pois é com ele que a maioria das empresas faz a implementação errada do storytelling.

Histórias de conexão pessoal

Enquanto pesquisava para este livro, pedi exemplos de histórias de cultura para um grande número de especialistas em comunicação. Os primeiros sinais eram promissores. Eu recebi links para vídeos intitulados "Nossas Histórias" ou algo semelhante.

Na maioria dos casos, o que encontrei foram vídeos muito bem filmados de funcionários falando sobre os conceitos de determinado valor. Por exemplo, se o valor fosse "mentalidade de dono", eles explicavam: "É assumir a responsabilidade pelas decisões e ações. É admitir os erros" ou "É fazer o que você diz que fará". Esses vídeos não apresentavam uma história, pois tratavam apenas de conceitos. Embora usassem o termo "histórias", os funcionários não compartilhavam uma história pessoal para comunicar o que o valor da empresa significava para eles.

Para demonstrar o que quero dizer, apresentarei o exemplo de uma pessoa que comunica o significado da "mentalidade de dono" por meio de uma história.

Tosse, o Peixe

Emma Broomfield-Hinks é executiva de contas sênior da Amazon Web Services. Em 2020, ela participou de um treinamento virtual que realizei para a equipe. Usamos os quatorze princípios de liderança da Amazon como base para as histórias. Um desses princípios era a "mentalidade de dono".

A definição oficial dada pela Amazon é:

> *Líderes agem como donos do negócio. Eles pensam longe e não sacrificam valores de longo prazo por resultados imediatos. Tomam atitudes em nome de toda a empresa, e não apenas do próprio time. Líderes nunca dizem "este não é o meu trabalho".*

A seguir, apresento a história que Emma compartilhou para comunicar o que a mentalidade de dono significa para ela.

> *Quando eu tinha seis anos, meu irmão e eu implorávamos aos meus pais por um animal de estimação.*

> *Depois de muitos meses, eles finalmente cederam, e nós nos tornamos os orgulhosos donos de Tosse e Sininho, dois peixinhos dourados. Eu tive um resfriado na época e, tendo acabado de aprender a palavra, pensei que "Tosse" fosse um excelente nome para um peixe.*

> *Ganhamos os peixes com a condição de que assumíssemos total responsabilidade por eles, o que significava alimentá-los diariamente e limpar o aquário quando ficasse sujo.*

Eu adorava alimentar os peixes, pois eles ficavam mais interativos e brincalhões. No entanto, com o passar do tempo, fiquei relaxada com o aspecto da limpeza, que era muito menos divertida. Além de ser desagradável mexer na água, eu tinha medo de derrubar os peixes escorregadios na hora de transferi-los do aquário sujo para o limpo.

Quando eu tinha oito anos, percebi que a água estava ficando turva e pensei: "Preciso limpar o aquário." Continuei adiando por alguns dias... e, para ser sincera, provavelmente esperava que outra pessoa limpasse.

Certa manhã, desci as escadas e fui até o aquário para alimentar Tosse.[1] Para meu horror, vi que ele estava boiando, com os olhos fixos e as guelras imóveis.

Meu animal de estimação amado, que tanto implorei para ganhar, agora estava morto por minha causa. Meu coração de oito anos se partiu e comecei a gritar por minha mãe e meu pai, chorando copiosamente por saber o que eu havia feito.

Meu pai desceu correndo as escadas e, após dar uma olhada no peixe, infelizmente confirmou que ele tinha morrido. A essa altura, eu estava inconsolável. Meu pai tirou Tosse do aquário e começou a massagear a barriga dele. Depois, colocou-o de volta, impulsionando-o para que entrasse água em suas guelras.

Lágrimas escorriam pelo meu rosto, mas eu não conseguia acreditar quando vi Tosse ressuscitando. Meu pai foi um verdadeiro herói!

Em toda a minha breve vida até aquele momento, nunca havia me sentido tão grata e ao mesmo tempo tão culpada, visto que poderia ter evitado a situação se tivesse sido mais responsável.

Estou compartilhando essa história, pois ela me lembra de um dos nossos princípios de liderança: mentalidade de dono.

---

[1] Infelizmente, Sininho já havia falecido — não devido à limpeza ou à falta dela, mas, como o irmão de Emma alegou, porque Tosse intimidou Sininho (como os peixes podem fazer às vezes).

Quando criança, eu me comprometi com o difícil trabalho de ter um animal de estimação, mas só me concentrei nos aspectos agradáveis. Eu negligenciei algumas tarefas importantes, o que quase acarretou a morte prematura do meu peixe. Portanto, para mim, a mentalidade de dono não se trata apenas da diversão que acompanha o que você deseja e assume, mas também das tarefas que não são tão divertidas, que exigem esforço e que nem sempre você tem vontade de fazer.

Na Amazon, o nível da mentalidade de dono não resulta em vida ou morte! Mas é apenas uma questão de tempo até que você precise exercê-la por completo, seja em um processo, um projeto ou algum tipo de tarefa em que clientes ou colegas contem com você. Peço que, ao assumir um projeto, você reflita e exerça total mentalidade de dono, sempre dando o melhor... tanto nos aspectos agradáveis quanto nos desagradáveis.

E só para deixar o final feliz ainda mais feliz, Tosse, o peixe, viveu por mais doze anos. Acho que meu pai foi a única pessoa que já fez RCP em um peixinho dourado.

Notou a diferença? Essa história cria conexão e engajamento, muito mais do que um mero conceito da mentalidade de dono.

Vamos conferir outro exemplo.

Seja corajoso e faça o que importa

Natalie Mina, que conheci quando ela era chefe de equipe da Accenture, me convidou para treinar alguns dos líderes da BAI Communications, com o objetivo de ajudá-los a comunicar os valores da empresa por meio de histórias pessoais.

Um dos valores da empresa é "Seja corajoso. Faça o que importa". Compartilharei duas histórias muito diferentes que eles usam para comunicar esse valor.

Garotinho perdido na floresta

A primeira história é de Justin Berger, o diretor de estratégia.

Quando eu tinha apenas cinco anos de idade, meus pais me levaram para esquiar pela primeira vez. Eles me colocaram em uma aula de grupo com outras nove crianças, todas prontas para esquiar pela encosta de uma montanha que, a meu ver, parecia gigante.

Apesar dos meus esforços, eu não era muito bom. Não demorou muito para que eu começasse a me afastar da frente do grupo, onde eu ouvia atentamente o instrutor, até ficar na parte de trás do grupo, que era, provavelmente, o meu lugar.

Ao chegar a uma encosta, tivemos que fincar os bastões de esqui na neve e fazer força para avançar. Eu fui ficando para trás. Vi o grupo se distanciar até que, de repente, não enxerguei mais ninguém.

Lá estava eu, sozinho no meio da floresta com um par de esquis. Comecei a chorar, mas segui em frente, fincando meus bastões na neve, avançando lentamente. Pensei: "Se eu continuar, tudo vai dar certo, vou chegar ao fim da encosta e encontrar o grupo ou alguém." De alguma forma, eu sabia que, se continuasse, acharia uma solução... Eu não podia desistir.

Depois do que pareceram horas — mas não foram —, outra equipe me encontrou e me levou de volta ao meu grupo. Fiquei tão aliviado que me senti exultante.

Estou compartilhando essa história, pois ainda fico impressionado com a determinação e a coragem que tive aos cinco anos. Apesar do medo e do desespero, eu persisti.

Hoje em dia, sempre que enfrento uma situação desesperadora e difícil que me dá vontade de desistir, me lembro de ser tão corajoso quanto o garotinho na floresta, persistindo até achar a solução necessária. Isso me lembra do valor "Seja corajoso. Faça o que importa", que tenho tentado praticar desde meus cinco anos de idade. Convido você a tentar também.

Meia-volta

A próxima história é de Gabrielle Hall, a gerente de marketing.

Dez anos atrás, em uma competição local de netball (que pratico até hoje), um jogo em particular ficou bastante agressivo por parte de ambos os times, e o nosso estava perdendo. Nós não concordávamos com as decisões da árbitra, que parecia estar contra nós. Quando ela me penalizou por algo que, na minha cabeça, não existia, agi por impulso e expressei minha revolta. "Como você conseguiu sua licença?!", perguntei sarcasticamente. Eu me arrependi na hora. Estava com raiva, mas não deveria ter sido rude.

No caminho para casa, refleti sobre o jogo e concluí que havia contrariado meus princípios. Dei meia-volta e fui para a quadra. A árbitra ainda estava lá, arrumando suas coisas. Eu poderia ter escolhido o caminho mais fácil e dito: "Eu queria saber como você conseguiu sua licença, pois também quero ser árbitra." Mas, em vez disso, tomei coragem e pedi desculpas.

Ela me olhou incrédula e disse que, durante a profissão, já tinha visto muita hostilidade, mas pouca compaixão e remorso. Ela afirmou que minhas desculpas fizeram seu dia.

Ainda bem que eu voltei. Do contrário, que direito teria de esperar que alguém fosse respeitoso ou responsável por suas ações? Essa percepção se torna ainda mais profunda quando observo meu filho de três anos e ensino a ele essas lições.

Em ambas as histórias, cada líder revela uma experiência e uma interpretação de "Seja corajoso. Faça o que importa", e isso é ótimo. Valores terão significados distintos para pessoas diferentes. Desde que a interpretação seja condizente com o pretendido, não há problema em compartilhar a história. Na verdade, compartilhá-la é ideal, já que, sem sua própria interpretação, os funcionários nunca terão conexão pessoal com o valor da empresa, e essa conexão é indispensável para o engajamento.

Histórias da prática de valores

As histórias da prática de valores no trabalho são poderosas para incentivar a cultura desejada de uma organização, pois elas esclarecem as expectativas para outros funcionários.

Considere, por exemplo, o Bendigo and Adelaide Bank. O banco investiu em cursos de storytelling para os líderes seniores em suas principais filiais em Bendigo, Adelaide e Melbourne.

Depois, deu início ao que chamou de "momentos de destaque". Falei com Diana "Dee" Monaghan, a chefe de engajamento cultural, para saber mais detalhes.

Dee me informou que, embora o banco ainda tivesse seus valores declarados, ele também "identificou quatro comportamentos críticos em que precisaria se concentrar como empresa para acelerar a sua estratégia". Os momentos de destaque foram criados para "evidenciar os funcionários que demonstravam esses comportamentos".

Os comportamentos eram:

- *Portar-se profissionalmente.*
- *Agir rápido para ajudar os clientes a alcançar seus objetivos.*
- *Reconhecer as pessoas pelo seu impacto.*
- *Desafiar ativamente o status quo.*

A primeira etapa consistia em informar e instruir os funcionários sobre os comportamentos críticos, o que foi feito por meio de conversas facilitadas sobre a importância da cultura e o significado desses comportamentos. Como parte do processo, os funcionários revelaram quais comportamentos achavam fáceis e quais seriam um desafio.

Eles também aprenderam como evidenciar esses comportamentos, compartilhando suas histórias com outros colegas no Yammer. Isso deu início ao processo de busca.

A segunda etapa consistia em compartilhar essas histórias de forma mais ampla. Algumas foram selecionadas para um artigo e publicadas nos canais de notícias internos, disponíveis para todos os funcionários. A seguir, apresento duas dessas histórias.

Superando barreiras no setor agropecuário

Michael Curtis é um analista do setor agropecuário baseado em Bendigo. Em 2015, após se formar, ele se juntou ao Bendigo and Adelaide Bank. Ele e a equipe fornecem uma gama de informações valiosas aos clientes, como tendências do setor; valores de terras; importações e exportações comerciais.

À medida que a primavera de 2020 se aproximava, Michael sabia que era um momento muito importante para os criadores de ovelhas venderem cordeiro. Mas, naquele ano, foi diferente. As restrições da Covid-19 afetavam os pecuaristas e continuariam a ser um problema.

Imediatamente, Michael consultou suas fontes para avaliar os dados sobre preços e níveis de produção, pois "queria quantificar o impacto para os nossos clientes de criação de ovelhas". Ele descobriu que, em vez de a produção aumentar para os níveis normalmente vistos naquela época do ano, as restrições ao processamento de carne a manteriam estável.

Com a situação da Covid-19, Michael sabia que as restrições causariam ansiedade aos criadores de ovelhas e seus clientes e que, por esse motivo, precisava entender o impacto em um nível mais profundo. Ele passou a questionar: "Como isso afetará um pecuarista que pretende vender cordeiro nas próximas semanas?" Ele também queria dar insights para que os gerentes de relacionamento compreendessem o que seus clientes enfrentariam.

Michael praticou o valor "Agir rápido para ajudar os clientes a alcançar seus objetivos". Em uma semana, ele analisou os dados e comunicou os insights valiosos aos gerentes de relacionamento, o que possibilitou conversas muito mais relevantes, eficazes e empáticas com os clientes.

Fazendo acontecer em Hobart

Karen Tims é uma gerente de middle market do Bendigo and Adelaide Bank que trabalha em Hobart. Construir relacionamentos sólidos com os clientes é uma grande parte de sua função, focada em identificar e apoiar oportunidades de crescimento de negócios.

Ao trabalhar com seu colega Brent, ela se deparou com um cliente em potencial que se beneficiaria da oferta de serviços. O supervisor de Karen estava de licença, mas, em vez de esperar que ele voltasse, ela e Brent decidiram visitar o cliente.

Durante a conversa, eles ouviram as necessidades do cliente, baseando-se nas habilidades aprendidas no treinamento "Conversa Centrada no Cliente". Karen foi capaz de auxiliá-lo com uma solicitação de empréstimo. Ela disse com orgulho: "Ele ficou tão impressionado com a minha ajuda que decidiu transferir todas as suas transações para o nosso banco, representando mais de US$1,5 milhão de novos negócios."

Em uma outra ocasião, Karen soube que um dos clientes — um advogado — se sentia limitado por seu relacionamento com o banco. Imediatamente, ela conversou com ele. Karen disse: "Eu sabia que contas de advogados podem ser complicadas. Eu queria ajudar o cliente a lidar com as complexidades de due diligence." Isso envolveu um extenso, mas necessário, processo de coleta de dados, verificação de identidade e documentação para atender aos requisitos de combate à lavagem de dinheiro e ao financiamento de terrorismo. Como resultado da intervenção de Karen, o cliente forneceu ao banco US$10 milhões em depósitos a prazo, bem como a oportunidade de gerenciar todos os seus negócios — até US$20 milhões.

As atitudes de Karen são ótimos exemplos de como "agir rápido para ajudar os clientes" pode ter um enorme impacto para os negócios e os clientes do banco. Com uma conversa centrada no cliente, é possível fazer uma grande diferença no serviço prestado, favorecendo os resultados.

Direto ao ponto

Histórias de funcionários que praticam valores não precisam ser longas. Alan Joyce, CEO da Qantas, costuma usar histórias para comunicar algo importante e, por esse motivo, leio sua "Carta do CEO" na revista da Qantas sempre que viajo de avião.

Em uma edição, me deparei com um breve parágrafo que compartilhava três histórias. A carta girava em torno de sua paixão pelo trabalho e era baseada nas histórias de funcionários da Qantas que superaram expectativas.

O tripulante de cabine que, sem ser solicitado, deu assistência a um passageiro com o pulso quebrado, chegando a abrir um saco de salgadinhos antes de entregá-lo a ele. Ou os dois engenheiros em Alice Springs, que finalizaram seu turno, mas voltaram ao aeroporto quando souberam que um de nossos aviões internacionais pousaria lá devido a um passageiro doente. E o gestor aeroportuário que estava de folga e, após desembarcar de um voo, notou que um passageiro estava angustiado por ter perdido o notebook, levando-o de volta à aeronave para ajudá-lo a procurar.

Esse é outro grande exemplo de histórias sobre interações diárias que podem criar conexão e fidelidade à marca com clientes individuais. Compartilhar essas histórias na revista da Qantas faz com que mais pessoas experimentem o atendimento ao cliente. E considerando que, todos os meses[2], milhões de clientes voam nos aviões da empresa, é muita gente lendo essas histórias!

Confira e reflita

- Você forneceu um ambiente propício para seus funcionários se conectarem pessoalmente com o significado dos objetivos, valores ou comportamentos da empresa?
- Todos eles conseguiriam compartilhar uma história pessoal sobre cada um dos comportamentos, valores e propósitos desejados?
- Todos eles entendem e se conectam com o propósito e os valores da empresa ou são apenas palavras em uma parede?
- Você tem um processo para encontrar histórias de funcionários que praticam os valores?
- Se sim, você compartilha essas histórias em que amplitude? Quem as conhece? Você as compartilha interna e externamente?

---

[2] Quando não há uma pandemia global.

HISTÓRIAS DE CLIENTE
MOSTRE SEU IMPACTO NO MUNDO REAL

Erica Keswin publicou um artigo na *Harvard Business Review* intitulado "Use Stories from Customers to Highlight Your Company's Purpose" [Use Histórias de Clientes para Destacar o Propósito de Sua Empresa]. Uma dessas histórias era sobre uma cliente fiel que, após se recuperar do câncer, visitou sua Sweetgreen favorita, em Washington, D.C. (Sweetgreen é uma rede de fast-food saudável.) O funcionário do caixa a reconheceu e mencionou que ela não aparecia há um tempo. Ele disse que ela estava ótima, lembrou-se de sua salada preferida e a preparou por conta da casa. A mulher ficou tão emocionada com a gentileza que escreveu uma carta para a Sweetgreen dizendo o quanto essa atenção personalizada significou para ela. A história percorreu a comunidade da empresa, fortalecendo os valores centrais e incentivando os funcionários a praticá-los.

Nate Ru, cofundador da Sweetgreen, afirma no artigo: "As histórias são o meio pelo qual os seres humanos trocam conceitos e ideias. Queremos criar proximidade à medida que expandimos, e as histórias são o segredo, [por isso] incentivamos todos a buscar, no dia a dia e semanalmente, histórias de pessoas que praticam valores centrais."

Compartilhar histórias sobre a experiência dos clientes fortalecerá sua marca e ampliará seu impacto.

A seguir, apresento algumas histórias de cliente para revelar mais detalhes.

Adocicando os negócios

Como evidenciado no capítulo anterior, as histórias pessoais de funcionários que praticam os valores da empresa são poderosas para comunicar a marca. Às vezes, as ações de um funcionário que pratica valores excepcionais têm um impacto direto e imediato no cliente, como mostra a história da Sweetgreen, que brinca com a palavra "sweet" (doce) no nome.

Dois dos principais valores da Sweetgreen são:

- **Acrescentar um toque doce** — *criar conexões significativas diariamente.*

- **Causar impacto** — *deixar as pessoas melhores do que você as encontrou.*

O ato de um funcionário impactou tanto a cliente que merece ser compartilhado externamente com um público mais amplo.

É isso que criará fidelidade à marca com os clientes existentes, mas também atrairá novos clientes. Além disso, compartilhar a história *internamente* mostra a outros funcionários como "acrescentar um toque doce" e "causar impacto". A Nordstrom era famosa por isso. A empresa compartilhava histórias de ótimo atendimento ao cliente para mostrar suas expectativas aos funcionários.

Amplifique a voz de seus clientes

Compartilhar histórias de cliente também destaca o que sua empresa ou organização está alcançando.

Um ótimo exemplo é a Fundação Obama, que oferece programas de liderança em todo o mundo e destaca as histórias dos participantes. Embora a organização nunca se refira a eles como clientes,[1] o conceito de destacar suas atitudes por meio de histórias é o mesmo.

---

[1] Eles não são chamados de clientes, estudantes ou participantes, e sim de líderes.

Em 2019, me senti mais do que honrada ao ser convidada para realizar o treinamento de storytelling do programa de liderança da Fundação Obama Ásia-Pacífico. Era um programa de doze meses, com duzentos líderes emergentes de 33 países e territórios em toda a região Ásia-Pacífico. Em dezembro de 2019, nos reunimos em Kuala Lumpur, Malásia, por cinco dias para iniciar o programa.

Havia palestrantes de toda a região, além de sessões com Michelle Obama, a atriz Julia Roberts, Barack Obama e sua irmã Maya Soetoro-Ng.[2]

Além de ter sido convidada para ensinar storytelling aos duzentos líderes, eu pude testemunhar o compromisso da Fundação Obama em contar histórias. Ao longo dos cinco dias, foi exibida uma seleção de vídeos com histórias de líderes que revelavam seus feitos.

Um deles era sobre Julian Aguon, um advogado de direitos humanos de Guam. Ele se tornou uma pessoa querida, pois todos os dias me abraçava e dizia o quanto apreciava minhas sessões de treinamento.

Aos 28 anos, Julian fundou o próprio escritório de advocacia, o Blue Ocean Law, especializado em direitos humanos, justiça ambiental e proteção dos direitos dos povos indígenas na região do Pacífico. Na época em que o conheci, ele trabalhava com a Pacific Network on Globalisation para garantir a proteção dos direitos indígenas, enquanto a indústria emergente de mineração em alto mar reivindicava posses em toda a Melanésia — em Fiji, Papua-Nova Guiné, Tonga e Vanuatu. Essa história foi apresentada em um vídeo breve, exibido no programa de liderança na Malásia e disponibilizado no site da Fundação Obama.

Julian disse que "a história fez um grande trabalho" para seu escritório, o único de direitos humanos da região administrado por um nativo indígena. A divulgação no programa e o compartilhamento nas plataformas de amplo alcance da Fundação Obama ajudaram muito a amplificar não apenas a voz de Julian, sobretudo sua abordagem ascendente da prática jurídica, mas também as vozes das comunidades indígenas com as quais ele trabalha.

---

[2] Para assistir a essas sessões e aos vídeos que menciono nas páginas seguintes, acesse: https://www.obama.org/asia-pacific-19/

Desde o lançamento do vídeo, o escritório de Julian tem visto o engajamento aumentar, particularmente o de grupos na região Ásia-Pacífico, preocupados com as implicações aos direitos humanos causadas pela mineração em alto--mar e pelas mudanças climáticas.

Durante a pandemia do coronavírus, a Fundação Obama intensificou o foco no storytelling, divulgando histórias de esperança que mostravam como alguns dos líderes respondiam aos desafios.[3] Por exemplo, Gigih Septianto, na Indonésia, que transformou seu escritório em um armazém para arrecadar e distribuir suprimentos médicos em todo o país. Ou Rashvin Pal Singh, na Malásia, que criou arquivos de design de código aberto para que as pessoas ao redor do mundo pudessem fazer as próprias máscaras faciais.

Engajar e inspirar

Crystal Prior é gerente de comunicações do Programa de Empreendedores do Departamento de Indústria do Governo Australiano. Esse programa ajuda pequenas e médias empresas a atingirem os seus objetivos, concedendo-lhes acesso a consultoria especializada e apoio financeiro por meio de subsídios.

"As histórias de cliente são essenciais para comunicarmos os benefícios do programa", explicou Crystal.

Quando Crystal aderiu ao Programa de Empreendedores, a equipe costumava produzir estudos de caso sobre os clientes. Esses estudos de caso eram muito detalhados e explicavam o que era feito no programa, as metas atingidas e a ajuda aos empreendedores como indivíduos. Embora fornecessem alguns dados e informações, eles não eram cativantes, pois não tinham o elemento humano. Além disso, eram escritos como um relatório e disponibilizados apenas aos stakeholders internos.

Crystal mudou a abordagem dos estudos de caso; em vez de apresentarem fatos e processos monótonos, eles seriam mais cativantes. Ela até contratou um jornalista para ajudar. Havia três objetivos principais:

---

[3] Todas essas histórias, registradas em vídeo, estão disponíveis no site da Fundação Obama.

1. Inspirar pequenas empresas com o que fosse possível.
2. Mostrar o excelente trabalho de alguns clientes, fornecendo-lhes maior divulgação.
3. Evidenciar o impacto do programa para os tomadores de decisão seniores.

ESSES TRÊS OBJETIVOS ILUSTRAM A IMPORTÂNCIA DE COMPARTILHAR HISTÓRIAS DE CLIENTE — E, MESMO QUE VOCÊ ALMEJE APENAS UM DELES, OS OUTROS SERÃO CONSEQUÊNCIA.

Crystal disse que, dependendo do público, há várias versões para cada história, compartilhadas em diferentes plataformas. Por exemplo, as histórias são sempre escritas, mas algumas delas se tornam um podcast, no qual os envolvidos são entrevistados. As histórias são compartilhadas internamente e algumas integram o relatório anual. Elas também são comunicadas a outros clientes por meio das mídias sociais.

Um bom exemplo é a história de Kay Saarinen e Jo Lane, duas mulheres da Costa Sul de Nova Gales do Sul, que colaboraram após a devastação causada pelo Black Summer, os incêndios florestais ao longo de 2019 e 2020 na Austrália.

Elas foram entrevistadas como parte do Showcase Podcast, disponível no site do Programa de Empreendedores junto com a história a seguir.

> *Se a resiliência é impulsionada por um evento extremo ou inesperado, duas empresárias da Costa Sul de Nova Gales do Sul têm certeza de que sobreviver ao Black Summer significa ser capaz de lidar com qualquer situação que o universo colocar em seu caminho.*
>
> *Afinal, não há nada como enfrentar a fúria abrasadora da Mãe Natureza para dar valor ao que mais importa ou assumir uma nova forma de pensar.*
>
> *Nos meses seguintes a janeiro de 2020, Kay Saarinen e Jo Lane observaram seus negócios, ambos do mercado de bem-estar, passarem por uma situação*

semelhante, pois as consequências dos incêndios as fizeram paralisar as atividades e decidir exatamente onde queriam estar.

O Programa de Empreendedores agiu rápido, lançando o serviço de Fortalecimento de Empresas para ajudar a reconstruir e reiniciar pequenos e médios negócios nas regiões afetadas pelos incêndios.

Apenas alguns dias após a Costa Sul reabrir suas estradas, Monique Donaldson, experiente facilitadora de negócios, viajou para se encontrar com Kay e Jo e ajudá-las a obter o imenso apoio que tende a suceder um acontecimento tão grave.

Como fortalecer um negócio que foi impactado em tantos níveis?

A Saarinen Organics, empresa de Kay, construiu uma reputação invejável de produtos sustentáveis para a pele, usando ingredientes orgânicos cultivados em sua própria fazenda, em Wyndham, uma das áreas mais afetadas pelos incêndios. Ela admite que sempre recorreu a mercados locais, lojas pop-up e um site muito básico para atender os clientes. Mas, quando a fumaça se dissipou, Kay percebeu que precisava melhorar o lado digital de seu negócio.

"Por algumas semanas, lutamos contra incêndios florestais e fomos evacuados em sete ocasiões diferentes", contou Kay. "Eu havia conseguido um pequeno espaço nos perfis do Instagram 'Buy from the bush' e 'Spend with them'; e, quando finalmente cheguei a Bega e verifiquei meus e-mails, havia cinquenta pedidos! Basicamente, ajudou a salvar meu negócio."

Kay ainda aprecia o elemento presencial de seu trabalho, mas definitivamente há um foco digital muito mais forte agora. "Ainda passo muito tempo na fazenda, removendo árvores mortas e consertando cercas, mas as plataformas digitais contribuem para a minha renda. Na verdade, passei a encarar o modelo de negócios de uma forma totalmente nova."

Jo Lane administra a Sea Health Products, que transforma algas douradas em diferentes produtos, incluindo nutracêuticos, shampoos e temperos. Ela usou o tempo de inatividade forçado para reavaliar e planejar seu próprio cultivo de algas, que esperava iniciar em breve. Jo disse que os incêndios e, em seguida, a Covid-19 aguçaram sua visão de negócios.

"Tendo o apoio do Programa de Empreendedores e do Bega Valley Innovation Hub e podendo conversar com outros empresários locais como Kay, é possível encontrar conforto e confiança, do tipo 'Eu consigo!'."

Monique Donaldson explicou que é preciso ter tempo e paciência para ajudar as empresas a obterem o suporte financeiro adequado, mas muitas apreciaram o fato de ter uma pessoa que enxergasse além, detectando novas oportunidades.

"O negócio de Kay está procurando fazer conexões e aprimorar a produção, incluindo uma nova fábrica, enquanto Jo quer colaborar mais com os pesquisadores. Nós a conectamos ao CSIRO para ajudar no planejamento do cultivo de algas", esclareceu Monique.

O que eu gosto nessa história é que Kay e Jo são o foco; elas são as heroínas. Existem apenas mensagens sutis sobre o próprio programa. Essa história também apareceu no relatório anual e, nessa versão, o programa e os benefícios receberam maior destaque.

Esse é um bom exemplo da importância de mudar o foco da história dependendo do público.

Perguntei a Kay e Jo como o Programa de Empreendedores as ajudou ao compartilhar sua história. Segundo Kay, "eles foram fantásticos ao divulgar nossa história em todas as suas plataformas de mídia social". O compartilhamento aumentou significativamente sua visibilidade, resultando em uma longa história para o programa de TV *The Project*.

Jo também sentiu os benefícios da divulgação, não apenas nas vendas, mas sobretudo em maiores oportunidades de trabalhar em sustentabilidade com outras organizações, como a Commonwealth Scientific and Industrial Research Organisation (CSIRO) e a Universidade de Wollongong.

Jo acrescentou: "Divulgar essa história fez com que mais pessoas nos procurassem para compartilhá-la novamente. E, toda vez que tenho essa oportunidade, me reconecto com o propósito da minha empresa. As tarefas diárias de um negócio podem ser exaustivas, mas compartilhar minha história é revigorante."

Encontrando as histórias certas

Há muito investimento na busca e no compartilhamento dessas histórias, por isso é importante que elas tenham impacto suficiente para garantir o melhor retorno. Crystal e sua equipe são responsáveis por captar o que chamam de "leads de história". Por meio de critérios definidos, ela decide quais histórias são mais valiosas.

"Não se trata de clientes que ganham muito dinheiro", explicou Crystal. Em vez disso, o foco são clientes que:

- *Causaram impacto e fizeram a diferença em sua comunidade.*
- *Fizeram algo bastante inovador para atingir seus objetivos.*
- *Fizeram algo muito incomum.*
- *Tiveram um resultado muito interessante.*

Crystal acredita que, quando uma história atende a pelo menos um ou dois critérios, ela é mais interessante e pode mostrar melhor a outros clientes o que é alcançável. Por exemplo, a história de Dan Hannigan, CEO da Medalfield, que cresceu perto de um aterro sanitário, no extremo norte de Queensland, e colabora com a Universidade James Cook para usar a tecnologia de micro-ondas na decomposição de plásticos. Ou a história de Claire Leach, fundadora da Hatch Biosystems, que mostra como seu exército de moscas-soldado-negro impede que toneladas de resíduos alimentares cheguem aos aterros sanitários todos os anos.

Confira e reflita

- Quais estudos de caso você poderia transformar em histórias mais cativantes?
- Você tem algum feedback positivo de cliente que possa compartilhar internamente para incentivar esse comportamento?
- Quais histórias você poderia compartilhar (bem como os fatos) para ajudar no financiamento contínuo de um projeto?
- Como seus produtos ou serviços beneficiaram seus clientes? Você pode compartilhar histórias sobre isso?
- Você tem um processo para encontrar histórias de cliente?
- Você poderia compartilhar histórias para ajudar a amplificar a voz de seus clientes?

HISTÓRIAS DE DESAFIO
RELATOS DE SITUAÇÕES DIFÍCEIS

Em novembro de 2014, após um ano de crescimento significativo no meu negócio, meu marido decidiu deixar sua função corporativa sênior. Na mesma semana, minha amiga Elise aceitou minha oferta de largar a carreira como professora de escola primária para ser minha gerente executiva em tempo integral. Mesmo que tenhamos debatido o assunto por alguns meses, quando ambos tomaram suas respectivas decisões, senti o aterrorizante peso da responsabilidade. A certa altura, cheguei até a ter náuseas, pois dependia de mim continuar o sucesso que havia experimentado nos últimos doze meses, manter Elise empregada e, como única provedora, garantir... bem, entre outras coisas, o sustento da minha família.

Essa é uma história que costumo compartilhar quando sou questionada sobre momentos de dúvida ou desafios. Também a compartilho ao orientar as pessoas sobre os altos e baixos de administrar o próprio negócio.

Muitas vezes, há desafios nos negócios, sobretudo nos primeiros dias de luta, contratempos e inseguranças. Embora sejam muito poderosas, essas histórias não costumam ser compartilhadas, pois evidenciam nossa vulnerabilidade.

No entanto, o incrível trabalho de Brené Brown revela que demonstrar vulnerabilidade não é um sinal de fraqueza, mas um sinal de força e coragem.[1]

---

[1] Brené Brown também disse uma das minhas frases favoritas: "Talvez as histórias sejam apenas dados com alma."

QUANDO VOCÊ ENFRENTOU UM DESAFIO E O QUE FEZ PARA SUPERÁ-LO?

Desafios pessoais

Um bom exemplo é a história de desafio do fundador da Mekong Capital, Chris Freund. (Ele é um dos casos de sucesso divulgados neste livro.) Essa história é compartilhada com frequência e causou um grande impacto em mim. A seguir, apresento uma versão editada da história que consta no site da empresa.

> No início de 2008, iniciei a jornada para me tornar o líder que faria a Mekong Capital melhorar drasticamente seu desempenho e atingir todo o seu potencial. Administrar uma empresa como a Mekong Capital acabou sendo muito mais difícil do que eu esperava quando a fundei, em 2001. Eu tinha muitas inseguranças e dúvidas sobre a minha capacidade de liderar a equipe, pensando coisas como: não entendo o povo vietnamita, eles são muito imediatistas; eles se recusam a aceitar minha liderança; nossa equipe continua polarizada com a opinião "nós contra eles"; não sei como fazer com que todos se alinhem em torno de objetivos comuns; não sou muito sociável; estou sozinho; gostaria que outra pessoa assumisse a liderança; etc.
>
> A Mekong Capital contratou uma empresa de consultoria, uma subsidiária da Landmark Education, para nos ajudar a transformar nossa cultura corporativa. O diretor da Landmark na Ásia era um homem chamado Jerome Downes, que liderava esses programas desde meados dos anos 1970, quando eram conhecidos como EST. Jerome estava comprometido em transformar e capacitar as pessoas, e seu objetivo pessoal era beneficiar milhões de pessoas na Ásia. A meu ver, Jerome era um verdadeiro mestre, e eu me sentia como um aprendiz esforçado. Ele assumiu o compromisso de nos ajudar a estabelecer um novo futuro para a Mekong Capital, possibilitando que transformássemos toda a nossa organização.
>
> Inicialmente, a transformação da cultura corporativa acarretou muita resistência interna, pois, em vez de tolerar desculpas, passamos a

responsabilizar as pessoas e a esperar que elas se responsabilizassem por entregar resultados claramente definidos. Era algo que nunca tínhamos feito, e muitos funcionários não gostaram — alguns queriam continuar com as desculpas e explicações em vez de assumir responsabilidade pelos resultados. Houve muita rotatividade de funcionários e muitas reclamações em relação a mim ou à alta administração da Mekong Capital. Os funcionários e investidores estavam sempre questionando o motivo de gastarmos tanto tempo e dinheiro para transformar nossa cultura. Eu estava comprometido em fazê-lo, mas ficava muito surpreso e frustrado com toda a resistência. Eu não sabia como convencer nossa equipe a assumir responsabilidade individual em vez de culpar os outros. Eu pensava: por que eles não escolhem o melhor para a empresa, alinhando-se em torno de nossos objetivos? O que há de errado com esta empresa?

Muitas vezes, eu me vi sendo vítima da situação que, inicialmente, poucas pessoas na Mekong haviam apoiado. Eu esperava que outros membros da equipe se posicionassem a favor do processo de transformação e ficava desapontado quando não o faziam. Eu queria que outras pessoas compartilhassem o peso da liderança comigo, mas me sentia sozinho.

Foi em momentos como esses, quando eu contestava minha capacidade e me sentia uma vítima, que Jerome manifestou a convicção de que eu conseguiria exercer liderança, defender o futuro ideal da Mekong Capital e convencer os outros a compartilhar da minha visão. Jerome me fez perceber que eu não era uma vítima da falta de apoio e comprometimento dos funcionários em se alinhar em torno desse futuro ideal. Como resultado, constatei que eles não se tornariam líderes se eu não desse o exemplo. Tudo dependia de mim e da minha atitude. Eu compreendi que, se eu os culpasse, eles também culpariam alguém. Se eu assumisse responsabilidade, alguns deles fariam o mesmo.

Então, comecei a me responsabilizar pelo alinhamento dos funcionários. Tive conversas individuais com membros específicos da equipe, sem evitar assuntos desconfortáveis, até que eles decidissem se apoiariam a transformação. Alguns não se encaixavam e optaram pela demissão. Mas, com o passar do tempo, cada vez mais pessoas escolhiam a liderança e o apoio à nova cultura. E as contratações revelavam forte adequação cultural.

Ao enfrentar o processo, trabalhamos para nos alinhar à nova visão da empresa. Em novembro de 2009, algumas semanas antes de concluirmos a transformação, Jerome soube que tinha um problema cardíaco grave e precisaria fazer uma cirurgia na Tailândia. Ele adiou a cirurgia por três semanas para nos ajudar a completar o processo, pois havia se comprometido conosco. Infelizmente, houve uma complicação cirúrgica e ele faleceu pouco depois, em 25 de dezembro de 2009. Foi uma perda terrível e inesperada, e eu chorei ininterruptamente por dias. Mas havia chegado o momento de assumir a liderança da Mekong Capital por conta própria, e Jerome sempre acreditou que eu conseguiria.

Desde então, ele tem sido minha inspiração para ser líder, para enxergar o melhor nas pessoas e responsabilizá-las pelo alcance de todo o seu potencial. A capacidade que ele viu em mim era maior do que eu poderia imaginar.

Em sua homenagem, um de nossos valores centrais se chama "Jeromesidade" e significa: "Relacionar-se com as pessoas considerando seus compromissos, intenções, possibilidades e bondade inerente. Capacitar os outros."

Para honrar a memória de Jerome, estou empenhado em viver de acordo com o que ele viu em mim, fazendo com que a Mekong Capital alcance sua visão de reinventar o private equity. Imagine o que será possível se cada um fizer jus a todo o seu potencial e se responsabilizar mutuamente por isso.

Adoro a vulnerabilidade que Chris demonstra nessa história, bem como a coragem de compartilhá-la publicamente, revelando sua paixão pelo trabalho. Essa história traz muitas lições valiosas ao comunicar o tipo de líder que Chris é e a cultura que ele ajudou a criar na Mekong Capital.

Respondendo a um desafio

As histórias de desafio nem sempre precisam abordar a forma como os fundadores ou líderes superaram desafios internos. Elas também podem apresentar o modo como a empresa respondeu a um desafio externo; por exemplo, a história da Transpower New Zealand.

A Transpower é a fornecedora nacional de energia elétrica da Nova Zelândia. Em dezembro de 2017, a empresa enfrentou um grande apagão em Northland, ocasionado por vândalos que atiraram em três torres. Embora a previsão mínima de retorno fosse de 48 horas, a Transpower conseguiu resolver o problema em menos de um dia.

A empresa ficou tão orgulhosa dos funcionários e parceiros envolvidos que fez um pequeno vídeo destacando seus esforços. Ele ainda é amplamente compartilhado, tanto interna quanto externamente, para demonstrar o que pode ser alcançado quando as equipes colaboram em prol de um objetivo comum, mesmo diante de uma situação aparentemente insuperável.

Outras histórias incríveis surgiram como resultado do coronavírus.

Alguém a fim de um drinque?

Quando a demanda por álcool em gel superou a oferta, a destilaria Archie Rose, de Sydney, modificou sua produção para fornecer o produto.

A seguir, apresento a história disponibilizada em seu site.

> *Desde 23 de março, a Archie Rose Distilling Co. mudou seu foco de produção, fornecendo, até o momento, 101.959 frascos de 500ml de álcool em gel — um esforço para fortalecer os suprimentos nacionais e possibilitar a realocação de seus quinze funcionários, bem como criar novos empregos para mais doze colaboradores do setor.*
>
> *Incentivada pelo fechamento total dos bares em 20 de março, a Archie Rose imediatamente alterou a produção de uísque, gin e vodka, passando a fornecer álcool em gel. O primeiro lote foi liberado em 23 de março, e, desde então, foram disponibilizados mais quatro lotes. A destilaria tem a intenção de fabricar o produto pelo tempo que for necessário.*
>
> *Cada lote atendeu à demanda sem precedentes do público em geral, dos órgãos governamentais e dos serviços essenciais, juntamente com uma variedade de grandes e pequenas empresas de varejo e de lazer, incluindo*

a Endeavour Drinks e 2.250 unidades disponibilizadas para bares independentes, restaurantes e lojas de bebidas.

A história inclui citações de Will Edwards, o fundador da empresa.

Tem sido um grande esforço, de longos dias e noites; porém, como já temos as licenças federais necessárias, as autorizações de artigos perigosos e o acesso a matérias-primas e conhecimento, a mudança de uísque, gin e vodka para etanol neutro e álcool em gel foi uma decisão sensata, ainda que difícil. Ser capaz de fortalecer os suprimentos nacionais, manter o emprego de nossa equipe e oferecer trabalho a mais doze funcionários que perderam seus empregos devido à Covid-19 é algo inacreditável, um enorme impulso moral para todos que se dedicaram a esse acontecimento.

Garantir um volume constante de embalagens para viabilizar a mudança de produção tem sido incrivelmente difícil, assim como adaptar nosso depósito para atender aos envios de um número sem precedentes de produtos que diferem das nossas bebidas habituais. Somos muito gratos pelo apoio de fornecedores, de clientes e do governo. Agradecemos pela paciência das pessoas enquanto lidamos com a transição para fabricar inúmeros frascos de álcool em gel.

Conversei com Victoria Tulloch, diretora de marketing, sobre o impacto em sua marca. Ela relembrou a sexta-feira, 20 de março de 2020, em que o governo determinou o fechamento de todos os bares e restaurantes. Ela explicou que a Archie Rose tem um bar na destilaria e que a paralisação implicaria o desemprego dos quinze funcionários.

Esse fato, combinado com a escassez nacional de álcool em gel, resultou na decisão quase imediata de mudar a produção, uma atitude pioneira entre as destilarias. E digo imediata de forma literal. Em apenas três dias, a empresa adquiriu frascos para álcool em gel, readequou a linha de produção, criou e imprimiu rótulos, alterou suas apólices de seguro e conseguiu as licenças federais, além de cumprir todos os requisitos legais e sanitários de fabricação e respeitar as restrições do coronavírus, fornecendo 7.500 unidades do produto.

A história causou uma conexão instantânea. Victoria disse que a Archie Rose foi mencionada mais de cinquenta vezes nos artigos de imprensa, na televisão e no rádio de diferentes países, incluindo emissoras japonesas e a BBC.

Essa exposição não foi o que motivou a empresa, mas, nas palavras de Victoria, "tal resultado foi bem-vindo, ainda que inesperado". Ela esclareceu que a forte conexão da destilaria com seus valores impulsiona as decisões, sendo dois deles a inovação e a qualidade. Como esses valores já estão arraigados, a Archie Rose sabia que conseguiria inovar rapidamente e manter um alto padrão.

Antes de voltar a produzir bebidas, a empresa forneceu 120 mil unidades de álcool em gel para atender à demanda. Ao longo do processo, a Archie Rose criou trinta empregos, mantendo seus quinze funcionários e contratando outros quinze moradores locais que haviam perdido seus empregos devido às restrições do coronavírus.

O impacto positivo em sua marca tem sido excepcional. Victoria revelou que, no prazo de quatro meses após a divulgação da história, a empresa dobrou seu banco de dados de 50 mil para 100 mil contatos. A plataforma de mídia social cresceu 30%, e ela acredita que a consciência de marca aumentou pelo menos de doze a dezoito meses antes do esperado.

Para uma marca jovem, foi uma grande vitória. Certamente, ao longo do caminho, a Archie Rose conquistou o engajamento e a lealdade dos funcionários.

MOSTRAR COMO SUA EMPRESA PODE RESPONDER A UM DESAFIO É UMA HISTÓRIA QUE CONECTA NÃO APENAS CLIENTES, MAS TAMBÉM FUNCIONÁRIOS.

Hotel de esperança

O setor de turismo e hotelaria também sofreu um grande impacto em 2020. Todos os hotéis foram afetados pelas proibições de viagem à medida que tentavam lidar com o desafio da Covid-19. Este e-mail de Arne Sorenson, presidente e CEO da Marriott International, foi enviado a todos os clientes.

> *A Marriott sabe que o mundo deve se unir para superar a Covid-19 e seu impacto devastador. Conforme testemunhamos o desdobramento dessa tragédia sem precedentes, é evidente que precisamos ajudar e fortalecer os profissionais de saúde que estão na linha de frente para conter essa*

doença. Por esse motivo, estabelecemos alguns planos para auxiliar no combate urgente à pandemia.

Em todo o mundo, nossos hotéis estão proporcionando descanso a militares, profissionais de saúde e funcionários de supermercados que precisam ficar perto do trabalho ou se preocupam em ter contato com seus entes queridos. Em Suzhou, na China, os associados de cinco hotéis da marca Marriott encontraram outra maneira de ajudar. Quando uma fábrica local de máscaras cirúrgicas anunciou que precisava de trabalhadores, cerca de trinta associados se ofereceram para ajudar a fabricar e embalar as máscaras. O trabalho era exaustivo, mas, com a ajuda deles e de outros, a fábrica começou a produzir 100 mil máscaras por dia. É esse o espírito que nos sustentará durante esta crise.

Dada a interrupção sem precedentes no setor de viagens, alguns de nossos hotéis tiveram que fechar temporariamente. Mesmo assim, associados de locais como Nova Delhi, na Índia, e Santos, no Brasil, encontraram várias maneiras de apoiar as comunidades. O Riviera Marriott Hotel La Porte de Monaco e o AC Hotel Nice, por exemplo, doaram todos os seus alimentos e produtos não utilizados para uma instituição de caridade que fornece abrigo e outros serviços para crianças em risco. A fim de mitigar a crise, muitos de nossos hotéis contribuíram com alimentos, refeições e suprimentos indispensáveis, como produtos de limpeza, máscaras, luvas, lenços umedecidos, desinfetantes e toucas de banho para profissionais de saúde e outros trabalhadores da linha de frente. E, em um belo gesto de solidariedade, muitas de nossas equipes iluminaram as janelas dos hotéis para manifestar amor e mensagens de esperança.

Esse tipo de história cria uma atração magnética. Isso me fará escolher um dos hotéis Marriott? Não necessariamente. Mas, com certeza, me fará considerá-los.

Todas as empresas enfrentam desafios, internos ou externos, significativos ou irrisórios, e todas respondem de maneira diferente.

WINSTON CHURCHILL AFIRMOU: "NUNCA DESPERDICE UMA BOA CRISE." ENTÃO, SE VOCÊ JÁ ENFRENTOU UMA, PENSE EM QUAIS HISTÓRIAS PODERIA COMPARTILHAR.

Confira e reflita

- Quais desafios sua empresa superou? Há alguma história que vale a pena compartilhar?

- Se você é o fundador ou o CEO atual, quais desafios teve que superar pessoalmente? Vale a pena compartilhá-los?

- Houve alguma situação em que seus valores foram testados? É uma história que vale a pena compartilhar?

- Você tem alguma história de desafio do coronavírus que vale a pena compartilhar?

- Você pode destacar funcionários que respondem a desafios, sejam pessoais ou de sua comunidade?

HISTÓRIAS DE COMUNIDADE
ENFATIZANDO A RESPONSABILIDADE CORPORATIVA

Você se lembra da história de criação da Who Gives A Crap? Bem, eu ouvi falar dela quando Alex, minha filha mais velha, insistiu para comprar o papel higiênico, pois a empresa era ética. Não era como se eu discordasse, mas isso aconteceu durante uma época em que eu sentia que todas as minhas decisões de compra eram julgadas, criticadas e debatidas por minhas filhas.[1]

No início da pandemia de coronavírus, todo mundo ficou desesperado para comprar papel higiênico... um dos exemplos mais ridículos do comportamento humano. Na época, recebi uma mensagem de Danny Alexander, que mora em Nova York e é um dos cofundadores da Who Gives A Crap.

Olá.

Aqui quem fala é o Danny, um dos cofundadores da Who Gives A Crap. Que época difícil, né? Estou usando chinelos e escrevendo da minha mesa de jantar, que agora é meu escritório. Minha esposa está no sofá (que agora é o escritório dela), e meu cachorro está roncando aos meus pés. No fogão, há água fervendo para fazer chá, e os gatinhos que adotamos estão

---

[1] Para falar a verdade, elas me deixavam louca. Eu ficava tão sem paciência que apenas ignorava.

> *brincando no corredor. Não é a nossa configuração de escritório habitual, mas funciona.*
>
> *Este também não é o e-mail habitual que enviamos. Não há nada de extravagante aqui. Sou só eu, escrevendo para você a fim de compartilhar algumas coisas que, espero, o façam se sentir um pouco melhor. O clima está pesado com tantas notícias ruins, mas também aconteceram muitas coisas boas. Queremos compartilhá-las com você.*

Seguiu-se um reconhecimento de que a empresa estava se beneficiando da compra desenfreada de papel higiênico.

> *Você provavelmente já ouviu falar que é um bom momento para estar no negócio de papel higiênico, e de fato é. Em março, esgotamos nosso estoque, sendo o melhor mês de vendas da nossa história, e esperamos que os próximos meses também sejam favoráveis.*

Em seguida, no e-mail, Danny explicou: "Faremos uma doação imediata de 100 mil dólares australianos para quatro de nossos parceiros de caridade que estão ajudando as pessoas mais vulneráveis a lidar com esta crise global."

Ele também explicou que, nas semanas seguintes, a Who Gives A Crap teria papel higiênico suficiente para seus clientes, mas que enviaria os primeiros lotes para aqueles que mais precisavam. Assim, a empresa doaria "10 mil rolos de papel higiênico ao Foodbank Victoria, que está ajudando a distribuir bens essenciais de uso doméstico a pessoas necessitadas junto com nossa equipe em Melbourne". As equipes nos Estados Unidos e no Reino Unido estavam se organizando para fazer o mesmo.

Então, o e-mail passou a falar sobre as atitudes de alguns funcionários da Who Gives A Crap. Como Tiger, que fazia compras para idosos em L.A.; Jean, que ajudava a organizar doações de alimentos para famílias em Manila; Amy, que doou seiscentas barras de sabão para uma aldeia no Malawi, onde ela já havia morado; e, meu favorito, Bruce, que se voluntariou para ensinar seu parceiro a dirigir nas ruas vazias de Taiwan, dizendo: "Pode não salvar o mundo, mas é um verdadeiro ato de coragem!"

O e-mail, que não era sobre o produto da empresa, mas, sim, sobre todas as pessoas em sua comunidade, terminou da seguinte forma:

> *Saudações virtuais (respeitando o distanciamento social),*
>
> *Danny (e toda a equipe da Who Gives A Crap)*
>
> *P.S.: Desculpe se você estava esperando notícias sobre um papel higiênico novo. Ainda estamos sem estoque, mas prometo que essa questão será resolvida. Se quiser receber atualizações de estoque, clique aqui. Ou entre para a nossa lista de espera clicando aqui. Quer ver um chihuahua andando de skate? Clique aqui.*

Na verdade, li todo o e-mail e cliquei em todos os links sobre funcionários e clientes. Agora, sou uma cliente fiel do papel higiênico Who Gives A Crap. As histórias com as quais me conectei me fizeram comprar o produto.

SisterWorks

Em 2020, fui convidada para ser embaixadora da SisterWorks, uma organização sem fins lucrativos que fornece apoio a mulheres refugiadas, requerentes de asilo e migrantes. Conheci a fundadora, Luz Restrepo, que compartilhou a história de como a SisterWorks começou. É uma história disponibilizada no site, em "História de Nossa Fundadora", e contada a todos os colaboradores e às muitas plateias para as quais Luz discursa.

> *Em 2010, aos 45 anos, Luz Restrepo, médica e especialista em comunicação, chegou à Austrália em busca de asilo político. Sua vida estava um caos e ela não falava inglês. Ela se sentia um zero à esquerda: assustada, isolada e impotente. Porém, Luz logo descobriu que não estava sozinha.*
>
> *Em 2011, juntamente com um grupo de 25 mulheres que enfrentavam desafios semelhantes, Luz começou a fazer e vender artesanato em Melbourne. Ela entendeu que apoiar umas às outras também é fortalecer umas às outras.*
>
> *A SisterWorks Inc. nasceu em maio de 2013, quando um comitê de voluntárias se juntou à Luz com habilidades jurídicas, de captação de recursos, marketing e administrativas para dar suporte e estrutura ao projeto.*

Embora Luz não seja mais CEO, ela ainda é a fundadora e, portanto, essa história permanece sendo usada e compartilhada pela organização. Ela mostra como tudo começou e como é o trabalho feito na comunidade.

Você não precisa ser uma organização sem fins lucrativos ou uma empresa ética para compartilhar histórias sobre as coisas boas que faz em sua comunidade.

Muitas grandes organizações cumprem a responsabilidade corporativa ajudando a comunidade com doações, auxílio financeiro, programas de apoio ou esquemas de voluntariado de funcionários.

Ainda que muitas comuniquem essa atitude no site e no relatório anual, elas tendem a se concentrar nas estatísticas, e não nas histórias. As empresas listam a quantidade de dinheiro doado, o número de beneficiários, as horas de serviços voluntários. Normalmente, essas informações são necessárias para relatórios de *compliance*, mas costumam ser desinteressantes para a leitura.

Tal como o Programa de Empreendedores, mencionado no capítulo sobre histórias de cliente, as empresas também devem ter versões diferentes das histórias de comunidade, dependendo do propósito de compartilhamento e do público.

A EY, empresa global de serviços profissionais, adota os diferentes formatos, compartilhando histórias de funcionários que fazem a diferença em sua comunidade.

Apresentando Faith

Uma dessas histórias é sobre Faith Buhle Moyo, do Zimbábue. Sua história de comunidade é apresentada no site da EY, em formato escrito e de vídeo.[2] Sua história começou a partir da experiência de ser uma empreendedora no Zimbábue e não ter acesso ao conhecimento ou à ajuda para sustentar seu pequeno negócio.

A seguir, apresento parte de sua história.

---

[2] Para assistir, pesquise "Strengthening our communities Faith Moyo" no YouTube.

> No Zimbábue, o crescimento de uma pequena empresa é uma batalha difícil. A mentoria empreendedora não é predominante no país, e muitos zimbabuanos abrem empresas sem o conhecimento adequado para administrar um negócio de sucesso. Sem acesso a recursos ou habilidades de gerenciamento para superar desafios básicos, muitas pequenas empresas fecham nos primeiros meses. Aquelas que sobrevivem costumam ter problemas para acelerar seu crescimento e tendem a estagnar, a menos que consigam garantir recursos ou dinheiro estrangeiro de investidores anjo ou bancos.
>
> Faith Moyo vivenciou essa situação quando abriu uma cafeteria de sucesso com o pai. Ela acreditava que o negócio tinha potencial; mas, como a maioria dos zimbabuanos, Faith e o pai não tinham a perspicácia de negócios ou as habilidades de gerenciamento financeiro para impulsionar o crescimento. Quando a cafeteria fechou, dois anos depois, Faith se perguntou como seria se houvesse uma organização de serviços profissionais para ajudá-los durante o crescimento.

E a história continua da seguinte forma:

> Agora trabalhando no escritório da EY no Zimbábue, Faith está determinada a ajudar os empreendedores de seu país a ter o tipo de apoio profissional de que ela e o pai precisaram. Em 2017, ela ajudou a lançar o programa EY Business Accelerator e, atualmente, é a gerente de projetos.

Em seguida, a história aborda brevemente o programa e a diferença que ele está fazendo antes de mencionar que Faith e a equipe

> também dedicam seu tempo livre a palestras sobre gestão financeira para empreendedores. Até o momento, eles alcançaram mais de oitocentas pessoas.
>
> Por meio do trabalho de Faith, a próxima geração de empreendedores do Zimbábue não precisará descobrir como impulsionar o crescimento sustentável de sua empresa por conta própria. Agora, eles têm uma fonte dedicada e experiente disposta a ajudá-los a cada passo do caminho.

A história de Faith também foi destaque como uma das vencedoras globais do prêmio "Better Begins With You", da EY. Conversei com Faith para descobrir como ganhar o prêmio, porém o mais importante é que o compartilhamento de sua história pela EY ajudou ela e a sua causa.

Faith me disse que as oportunidades que surgiram por causa do prêmio e do subsequente compartilhamento da história foram impressionantes. Além disso, ela afirmou que o programa lhe deu "acesso a todas as pessoas certas". De uma perspectiva do programa, Faith fez parcerias de apoio e sempre há pessoas de fora perguntando se ele é disponibilizado em outros países.

De uma perspectiva pessoal, ela recebe convites para compartilhar sua história em todo o mundo, desde a universidade local no Zimbábue até o programa de liderança da EY American. Seu discurso inspirou uma colega a executar o mesmo programa em Chicago.

Faith disse que a consequência mais significativa do compartilhamento de sua história pela EY foi alcançar mais pessoas e ter um impacto maior.

Antes de finalizarmos nosso telefonema, perguntei como o pai dela se sentia. Faith revelou sua felicidade ao me dizer que ele estava muito "orgulhoso" e "entusiasmado". Ele até participou de um vídeo do programa e, muitas vezes, é reconhecido na rua por causa disso.

A história final que Faith compartilhou comigo ilustra o verdadeiro benefício de as empresas compartilharem as histórias de funcionários que fazem a diferença em sua comunidade. Logo depois que a EY compartilhou a sua história, antes de qualquer experiência em falar em público, Faith recebeu uma ligação de um pastor que frequentava a mesma academia que seu pai. O pastor pediu-lhe para conversar com os jovens em sua congregação. E ela aceitou. Foi sua primeira experiência de falar em público. Faith disse que o feedback desses jovens foi muito inspirador: "Nada me inspira mais do que inspirar os jovens."

Ao compartilhar a história de Faith, a EY deu a ela uma base para fazer ainda mais.

Embora a história de Faith também seja sobre o apoio da EY ao programa, nem todas as histórias de funcionários que ajudam a comunidade precisam estar vinculadas a uma iniciativa patrocinada pela empresa. Por exemplo, o e-mail da Who Gives A Crap, que traz histórias de funcionários apenas auxiliando seus vizinhos, foi incrivelmente eficaz.

DESTACAR AS BOAS AÇÕES NÃO BENEFICIA APENAS A MARCA E A REPUTAÇÃO PESSOAL DOS FUNCIONÁRIOS, MAS TAMBÉM A SUA MARCA E REPUTAÇÃO.

Confira e reflita

- Suas histórias são realmente histórias ou apenas um monte de números e porcentagens?
- Você poderia compartilhar histórias sobre como sua empresa apoia a comunidade (sem que pareça publicidade)?
- Você tem funcionários fazendo coisas boas em sua comunidade? Você pode compartilhar essas histórias, independentemente de estarem relacionadas a uma iniciativa patrocinada pela empresa?
- Você usa uma variedade de canais para compartilhar histórias?
- Você tem diferentes versões de uma história, dependendo do canal e do público?

PARTE III
Implemente o Brand STORytelling

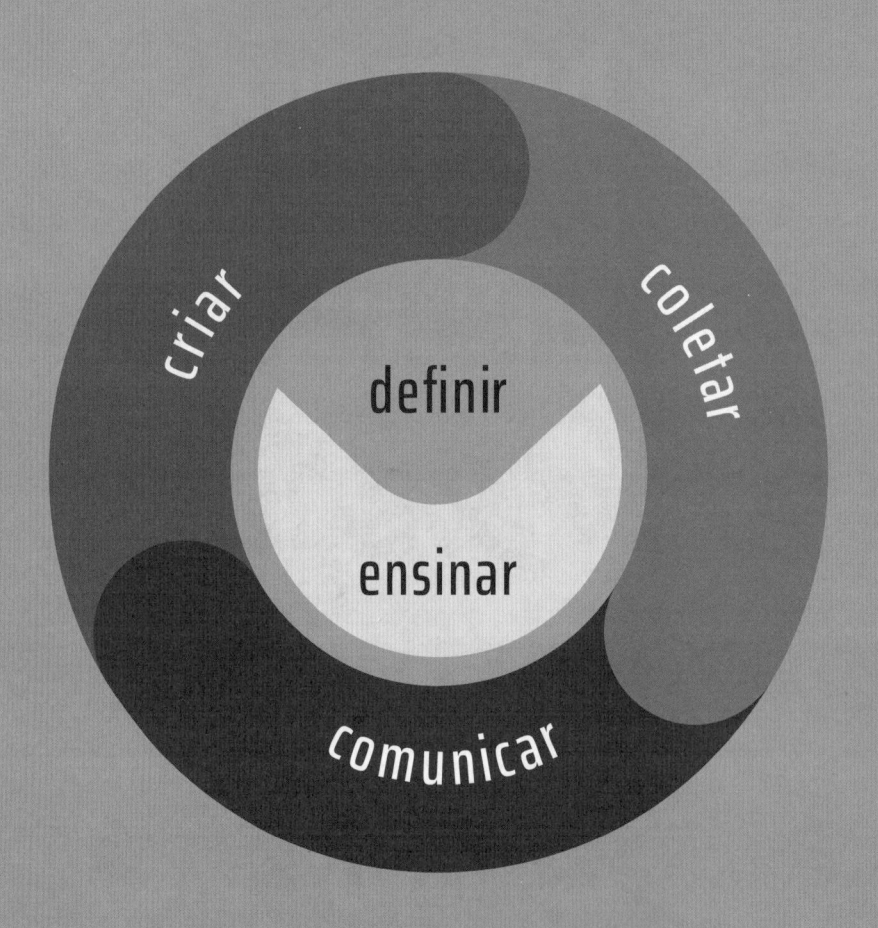

Figura 1 Implementação do Brand Storytelling

Espero que você tenha obtido alguns insights sobre os tipos diferentes de histórias que pode compartilhar e se inspire a criar suas próprias histórias magnéticas. Agora, você verá como implementar o brand storytelling.

Há mais de uma década e meia, ajudo organizações a se comunicarem de forma mais eficaz por meio de histórias. Por muitas razões, algumas implementam o storytelling melhor do que outras. Ao longo desse tempo, compreendi o que funciona e quais são os obstáculos que devemos evitar.

Portanto, nas páginas seguintes, revelarei meu modelo para implementar o brand storytelling nas organizações. É uma abordagem que ajudará a comunicar sua marca, tanto interna quanto externamente. (Lembre-se, quando falamos sobre marca, falamos sobre cultura, estratégia, valores, comportamentos, propósito, visão e missão.) Essa abordagem é apresentada na Figura 1.

Os elementos de implementação do brand storytelling são:

- **Definir:** seja claro sobre sua marca. As organizações terão vários nomes para essa mensagem, normalmente descrita em um documento detalhando missão, visão, propósito, valores, objetivos estratégicos, áreas de foco e comportamentos desejados.

- **Ensinar:** eduque os funcionários sobre o poder das histórias. Isso significa ensiná-los a encontrar histórias e compartilhá-las de maneira concisa e envolvente. Este passo é crítico, pois se trata de experimentar em primeira mão o poder magnético das histórias. Seus funcionários se tornarão mais capazes, confiantes e comprometidos para coletar, comunicar e criar histórias.[1]

- **Coletar:** encontre histórias magnéticas para comunicar sua marca. Pode ser algo que aconteceu anos atrás ou algo que aconteceu ontem. Podem ser histórias da sede ou do backoffice. O importante é reunir histórias que respeitam o passado, reconhecem o presente e inspiram o futuro.

---

[1] Muitas palavras com "c"!

- **Comunicar:** compartilhe suas histórias para se conectar e engajar as pessoas. Comunique-se interna e externamente; de forma escrita e oral; em mídias tradicionais e sociais; em canais formais e informais etc. O processo de ensino é essencial para capacitar os funcionários a realizarem essa etapa com sucesso.

- **Criar:** entenda como suas ações podem gerar histórias, sejam interações com clientes ou com colegas de trabalho. Se as pessoas tiverem uma experiência positiva, compartilharão histórias positivas. Da mesma forma, se elas tiverem uma experiência negativa, compartilharão histórias negativas! Compreender como as ações podem criar histórias é fundamental para garantir que as coisas estejam *a seu favor*.

A implementação do brand storytelling não é limitada nem sequencial — embora, na minha experiência, as organizações obtenham melhores resultados quando começam a definir sua marca e a ensinar o storytelling.

Então, a natureza cíclica do modelo entra em ação, e essas histórias podem ser coletadas e comunicadas, resultando em um efeito espiral de mais histórias sendo compartilhadas para reforçar sua marca.

Vamos lá?

DEFINIR
SAIBA QUAL É (E QUAL NÃO É) A SUA MARCA

Antes de começar a pensar nas histórias que poderiam compartilhar, as empresas precisam ser claras sobre quais mensagens desejam comunicar. Que histórias você quer que os outros compartilhem a seu respeito quando você não está presente? O que você quer que sua marca seja? (Lembre-se de que sua marca é seu propósito, seus valores e seus comportamentos.)

Ao conduzir workshops de brand storytelling, peço aos participantes que façam um trabalho preparatório. Em primeiro lugar, solicito que pensem em sua marca desejada, definindo cinco palavras ou frases que gostariam que as pessoas usassem para descrevê-la. Deve ser algo autêntico... ou seja, não se trata de fingir. Também deve ser algo realista, mas pode incluir crescimento e evolução. Não é uma lista de desejos.

Após concluir esse primeiro passo, os participantes precisam procurar cinco pessoas com quem interagem regularmente e pedir que listem cinco palavras ou frases para descrever a marca. É importante que seja um grupo diversificado, como gerentes, membros da equipe, colegas de trabalho, clientes ou fornecedores. Também é importante que essas pessoas sejam sinceras.

Em seguida, peço que os participantes comparem as descrições almejadas com as reais, determinando o quão alinhados eles estão com a sua marca. Uma disparidade ampla e profunda pode indicar um desafio. Por exemplo, se a descrição almejada fosse "estratégica", mas nenhuma das cinco pessoas usasse essa palavra, isso revelaria a necessidade de uma ação ou mudança — o que não seria ruim, apenas significaria que a característica "estratégica" demandaria maior destaque. No entanto, se a descrição almejada fosse "colaborativa", mas todas as cinco pessoas usassem "trabalho individual", isso indicaria que a marca desejada destoa muito da realidade.

Esse processo pode ser aplicado pelas organizações. Porém muitas delas o complicam demais, contratando consultores, demorando meses para determinar seus valores e propósitos e gastando ainda mais tempo para articulá-los.

Não se apegue às denominações

As empresas podem despender muito tempo e esforço criando denominações exclusivas para valores e comportamentos desejados, como nosso "DNA", nosso "código", nossa "maneira". No final, não importa quais são essas denominações.

O IMPORTANTE É SABER QUAL É SUA MARCA DESEJADA.

Lembro quando minha filha mais nova, Jess, estava no sexto ano. Era o dia de atletismo e ela competiu com as colegas de classe, divididas em quatro times, em uma corrida de 1,5km. No fim, ela me contou que foi mal, pois não estava se sentindo muito bem, mas que, ainda assim, não quis desistir e até conseguiu ultrapassar algumas colegas. Então, ela me disse que estava muito feliz, pois duas de suas amigas conquistaram o primeiro e o segundo lugar — um motivo para comemorar, mesmo que estivessem em times diferentes.

Como mãe, fiquei muito orgulhosa: não apenas porque minha filha não desistiu, mas também porque ela ficou mais animada com a conquista de suas amigas do que com a sua possível vitória... e compartilhei isso com Jess.

Para ela, não importava a denominação. Eu poderia ter dito "valor em ação", "comportamento desejado", "código de família", mas não usei nenhum rótulo. Porém, pelo meu reconhecimento, Jess sabia que agiu corretamente. É o tipo de comportamento que não será apenas reconhecido, mas esperado, no futuro.

RECONHECER O BOM COMPORTAMENTO INCENTIVA O BOM COMPORTAMENTO FUTURO.

Sua marca em três passos simples

As organizações passarão pelo processo de definição de sua marca de várias maneiras. Algumas podem empreender uma abordagem longa e colaborativa, reunindo o máximo de contribuição possível de funcionários e outros stakeholders, às vezes contratando uma empresa para ajudá-las. Em outras, um novo CEO pode ser nomeado e apenas decidir os valores sozinho.

A abordagem que utilizo, explicada no início deste capítulo, funciona muito bem para as empresas, seja uma startup, seja uma grande multinacional:

- *Escolha cinco palavras ou frases que você gostaria que as pessoas usassem para descrever sua empresa. (Essas palavras definirão sua marca.)*

- *Em seguida, pergunte a outras pessoas como elas descreveriam sua empresa em cinco palavras ou frases. (Nesta etapa, você pode incluir quantos funcionários, stakeholders e clientes quiser.)*

- *Agora, compare-as. Elas são semelhantes ou distintas? O ideal é que sejam parecidas. Do contrário, você precisa fazer algo a respeito!*

A Aurecon, uma empresa de engenharia, design e consultoria com mais de 7.500 funcionários, passou por um processo semelhante. A equipe entrevistou os clientes para obter uma imagem mais precisa de como a empresa era vista... qual era a sua marca? A empresa definiu cinco palavras que chamou de "atributos". Agora, quando alguém se candidata a um emprego na Aurecon, a equipe aplica um questionário que determina com qual atributo essa pessoa está mais alinhada. Além de garantir a vaga, como parte da integração, os contratados ganham uma caneca com seu atributo gravado nela.

Antes de revirar os olhos ao pensar em mais uma caneca com um valor impresso nela, me escute. Danielle Bond, diretora do Grupo de Marca, Marketing e Comunicações da Aurecon, explica que o atributo na caneca serve como catalisador para conversas entre novos funcionários e os colegas. Essas conversas esclarecem o que os atributos significam para o novo funcionário e ajudam a evidenciá-los.

Autêntica e coerente

Você deve estar pensando que o processo parece engessado demais; certamente, se você apenas fizer o que considera verdadeiro, então será conhecido por isso. E, até certo ponto, é verdade. Se fizer o que diz, terá uma boa reputação. Parte da sua marca será confiável. Se, por outro lado, você dificilmente fizer o que diz, será conhecido como não confiável.

Nos negócios é a mesma coisa. Se oferecer um ótimo atendimento ao cliente, se tornará conhecido por isso. Essa característica integrará sua marca. Se oferecer um péssimo atendimento ao cliente, será conhecido por isso e essa característica integrará sua marca. Se tratar bem os funcionários, com o tempo será conhecido por isso e vice-versa.

SUAS AÇÕES DETERMINARÃO SUA MARCA.

Idealmente, sua marca deve ser autêntica e coerente com quem você é. Se você tenta ser algo que não é, ou que não é natural para você, é uma atitude forçada e insustentável. Se você quer ser conhecido como estratégico, mas é uma pessoa muito detalhista, então pode ser necessário mais esforço para mudar. O mesmo acontece com a empresa: se ela quer ser conhecida como inovadora e responsiva, mas tem processos complicados, sistemas burocráticos e funcionários relutantes, então será preciso muito esforço para mudar.

É possível, mas você deverá mudar sua marca de forma deliberada.

Deliberada versus orgânica

Quando se trata de sua marca, aplicar uma abordagem deliberada significa assumir maior controle sobre ela. Você também precisa estar ciente de como a marca pode se desenvolver organicamente; do contrário, perderá o controle sobre ela... e muito rápido.

Apresentarei um exemplo pessoal de como a definição de marca orgânica versus deliberada pode funcionar.

Em 2005, deixei o mundo corporativo para ensinar storytelling às organizações. Não fiz um exercício de marca excessivamente sofisticado, mas eu sabia que queria ser conhecida por profissionalismo e originalidade, características alinhadas com o conceito de storytelling. Eu queria ser vista como uma profissional que se comunicava de forma diferente. E essa diferença tinha que ser positiva (o oposto de quando falamos que uma comida ruim é "diferente"). Então, eu era muito deliberada ao comunicar isso, desde a maneira como me vestia (muitas vezes, jeans e blazer) até a aparência do meu site.

Há alguns anos, eu estava passeando por uma rua em Fitzroy, Melbourne, e passei por uma loja de sapatos muito legal. Uma das coisas que mais detestava era comprar sapatos. Eu nunca achava o modelo ideal para mim e, como mulher, havia (e ainda há) uma pressão para usar salto alto. Acho que, por não valorizar sapatos, nunca investi muito dinheiro ou tempo em comprá-los, então sempre acabava com péssimas opções. (Sério: eu preferia ir ao dentista do que comprar sapatos.)

Enfim, um par de sapatos chamou minha atenção nessa loja, então entrei, experimentei e, com o incentivo da minha filha, decidi comprá-los. Eles eram baixos e verde-escuros, e descobri que se chamavam brogues. Apesar de muito confortáveis, eram caros (então foi um progresso para mim), mas o valor compensava o preço. Eles também eram de uma marca de Melbourne (Habbot), e é sempre bom apoiar o talento local.

Eu gostei tanto que comprei outro par de sapatos, baixos e prateados. Muita gente começou a comentar sobre meus sapatos. *Muita* gente. No elevador, estranhos faziam comentários. No avião, a pessoa ao lado ou os comissários de bordo faziam comentários. Lembro-me de finalizar uma palestra e alguém me abordar para dizer: "Não consegui prestar atenção nos primeiros minutos, pois me encantei por seus sapatos." Então continuei comprando a mesma marca, que agora compreende aproximadamente 75% da minha coleção de sapatos.

Sem querer, me tornei conhecida por meus sapatos... e lembre-se de que eu os detestava! Como eles se encaixavam na minha marca de "profissional e diferente", fiquei satisfeita. Mas foi algo orgânico; nunca pensei: "Seria bom para a minha marca usar sapatos profissionais e diferentes." Simplesmente aconteceu.

Mas, então, se tornou uma atitude deliberada. Tão deliberada que estou usando esses sapatos na foto de capa do meu livro anterior... e agora me sinto um pouco pressionada para usá-los sempre! As pessoas parecem ficar desapontadas se apareço com um par de sapatos comuns, então prefiro não arriscar. (É uma desculpa para atualizar minha coleção de sapatos Habbot.)

Compartilho esse exemplo como uma definição orgânica, mas, como eu sabia qual era a minha marca desejada, tomei decisões deliberadas para enfatizá-la. E é importante observar que se tratava de aprimorar minha marca, não de fingir ser algo que eu não era.

Para contrastar, compartilharei outro exemplo de definição orgânica, mas que não estava alinhada com a minha marca, então deliberadamente a descartei.

Ao longo dos anos, minhas mensagens sobre storytelling também enfatizavam a importância da comunicação real e da autenticidade em relação a valores e crenças. (A tal ponto que meu livro anterior foi intitulado *Real Communication: How To Be You and Lead True*.)

Portanto, eu estava ciente de que "real" também era parte da minha marca.

Então algo aconteceu no início da pandemia de coronavírus. Cerca de seis meses antes, pela primeira vez eu fiz unhas de imersão em pó (SNS)[1], o que, acredito, acelera a digitação.[2] Quando entramos em confinamento e os salões de beleza paralisaram, pensei que seria um desafio divertido ver até onde minhas unhas SNS cresceriam antes de quebrarem ou eu mesma retirá-las. Postei isso no Instagram como uma forma de entretenimento. Para minha surpresa, elas duraram mais do que eu pensava. Toda semana, eu postava uma atualização no Instagram revelando quantas haviam quebrado e quantas ainda resistiam. Mal pude acreditar na interação decorrente. Ao longo das

---

[1] Se você é homem, pergunte à sua esposa, às suas filhas ou às suas amigas.
[2] Bem, pelo som parece que sim.

semanas, as pessoas me marcavam em postagens do Instagram e do Facebook sobre unhas. De repente, em questão de semanas, unhas postiças[3] começaram a se tornar minha característica e parte da minha marca. Em primeiro lugar, não é a minha praia: nunca gostei muito de esmalte, muito menos de unhas postiças. Então, de uma perspectiva pessoal, não se encaixava.

De uma perspectiva da marca, era um pouco desconcertante. Como uma pessoa que almejava o "real", eu não queria ser conhecida por unhas postiças. Não estou dizendo que nunca mais fiz SNS. Mas, ao contrário dos sapatos, eu não queria enfatizar esse aspecto. Então parei de postar sobre ele nas redes sociais.

É BENÉFICO PARA OS NEGÓCIOS SABER QUAL É A SUA MARCA E O QUE VOCÊ FAZ PARA INFLUENCIÁ-LA.

Definir a sua marca é o primeiro passo para assumir o controle. E saiba que isso pode acontecer com uma abordagem deliberada, mas também de forma orgânica, então você precisa garantir que tudo o que faz está de acordo com a sua marca.

O próximo passo para assumir o controle é procurar as histórias que você pode coletar e comunicar ativamente para reforçar sua marca. Isso inclui ensinar aos funcionários o poder das histórias e como compartilhá-las. É o que discutiremos a seguir.

---

[3] Eu sei que, tecnicamente, elas não são postiças. São minhas unhas, só que com um monte de pó e cola por cima.

Confira e reflita

- Você sabe exatamente como gostaria que sua marca fosse descrita?
- Você tem propósitos e valores empresariais declarados?
- Todos os seus funcionários entendem qual é a marca desejada?
- Eles estão cientes de como suas ações podem fortalecer ou enfraquecer organicamente a marca organizacional?

ENSINAR
COMO EDUCAR CONTADORES DE HISTÓRIAS

Em um de meus treinamentos, uma mulher me contou que havia compartilhado uma história pessoal em uma situação de negócios. Ela me disse que havia demonstrado vulnerabilidade, mas que não funcionou. Na verdade, ela recebeu feedback de que a história era inadequada. Alguns colegas de equipe até riram dela, uma situação horrível... e adivinha? Ela nunca mais recorreu ao storytelling. Quando ouço casos assim, fico muito triste.

Maya Angelou afirmou: "Não há maior agonia do que carregar uma história não contada dentro de você", e isso é verdade. Mas ter a coragem de compartilhar uma história, falhar por não saber como e passar a sentir medo a ponto de nunca mais tentar... isso, sim, é *agonia*.

> *A escolha dos líderes empresariais e das organizações não se trata do envolvimento no storytelling, pois eles dificilmente podem agir de outro modo, mas, sim, do uso do storytelling de forma involuntária e inábil ou inteligente e habilidosa.*

Essa citação é do livro *The Leader's Guide to Storytelling*, de Stephen Denning, que mudou minha vida. Foi um dos catalisadores para eu deixar o mundo corporativo e embarcar na missão de ensinar empresários a usar histórias de forma inteligente e habilidosa, e não, como Steve diz, involuntária e inábil.

O livro de Denning — e especificamente essa citação — me ajudou a comprovar que o storytelling é uma capacidade crítica de negócios, mas também uma habilidade que pode ser ensinada.

O storytelling é uma habilidade. Tal como acontece com qualquer outra habilidade, como jogar tênis, desenhar, cozinhar, algumas pessoas podem ser naturalmente melhores. No entanto, com o ensino, a orientação e a prática certos, todos podem melhorar em algo... incluindo no storytelling.

Acho que é irresponsabilidade das organizações pedir que os funcionários compartilhem histórias sem ensiná-los como fazê-lo; é uma receita para o fracasso.

Se você quer aprender a tocar piano, seria uma boa ideia fazer aulas. Se você deseja que os membros da sua equipe comecem a usar um novo sistema contábil, deve investir em treinamento. Se sua equipe já fosse boa, mas precisasse melhorar nas apresentações, você também investiria em treinamento... enfim, você entendeu.

SE VOCÊ DESEJA QUE SEUS FUNCIONÁRIOS CONTEM HISTÓRIAS MAGNÉTICAS SOBRE SUA MARCA, ENTÃO DEVE ENSINÁ-LOS A FAZER ISSO.

Imagine... e concretize

Imagine se, no início de cada reunião de equipe, você pedisse que alguém compartilhasse uma história de um valor central. Talvez o valor seja "agradar os clientes", e alguém compartilha a história de John, da loja de Nova York, que viu uma cliente com sua bagagem na chuva, então correu com o próprio guarda-chuva para ajudá-la a pegar um táxi.

Então, o líder da equipe compartilha essa história em uma reunião com os colegas, levando-a ao próximo nível. Dependendo do tamanho da empresa, poderia ser um efeito cascata. Ao ouvir essa história, talvez o CEO ou um executivo sênior entre em contato com John para dizer que está orgulhoso do que ele fez por aquela cliente naquele dia chuvoso, uma atitude que demonstrou o valor de agradar os clientes.

Como você acha que John se sentiria ao receber esse telefonema? E o que acha que ele faria a seguir?

Acho que ele se sentiria muito bem. Acho que se sentiria engajado. Acho que se sentiria valorizado com o reconhecimento de sua atitude. Também acho que ele contaria aos colegas e à família sobre o telefonema do CEO. E sabe o que mais John faria? No dia seguinte, buscaria oportunidades para agradar os clientes de novo... e os colegas que ouviram a história fariam o mesmo.

ESSE TIPO DE COMPROMETIMENTO DA EMPRESA INCENTIVA O COMPORTAMENTO DESEJADO E O COMPARTILHAMENTO DE HISTÓRIAS, O QUE INCENTIVA MAIS COMPORTAMENTOS DESEJADOS, GERA MAIS HISTÓRIAS E ASSIM POR DIANTE.

Esse comprometimento resulta em funcionários engajados e em clientes conectados. Mas não é algo que acontece se você apenas imaginar. Para concretizar, é preciso ensinar o poder do storytelling e como compartilhar histórias de forma eficaz.

É o que veremos a seguir.

A quem você ensina?

Uma das primeiras perguntas que as organizações enfrentam ao considerarem a introdução do storytelling é: quem precisa do treinamento? Apenas o CEO e a equipe de liderança executiva? Todos os líderes? As equipes de marketing e assuntos corporativos? As equipes de vendas e gestão de relacionamento? A linha de frente, que lida diretamente com o cliente? Todos os funcionários?

A resposta depende do que você deseja alcançar. Algumas organizações querem aumentar a capacidade de comunicação e influência de seus líderes, então o treinamento seria apenas para os líderes. Algumas querem usar histórias para se destacar dos concorrentes; nesse caso, o treinamento seria apenas para as equipes de vendas e gestão de relacionamento.

NO ENTANTO, SE VOCÊ QUISER INTRODUZIR O BRAND STORYTELLING PARA SE CONECTAR COM CLIENTES E ENGAJAR FUNCIONÁRIOS, TODAS AS EQUIPES PRECISAM APRENDER UM POUCO SOBRE HISTÓRIAS.

... E como ensina?

Os funcionários que têm mais influência e oportunidade de compartilhar histórias precisarão de um treinamento mais intenso do que os outros.

Independentemente disso, você deve seguir quatro diretrizes principais para ensinar às pessoas certas a valiosa habilidade de contar histórias. Recorri aos meus quinze anos de experiência para definir essas diretrizes, com base no que funciona e no que não funciona.

1. Garantir que os executivos seniores estejam envolvidos no treinamento.
2. Treinar todos os líderes.
3. Treinar as principais equipes de suporte.
4. Garantir que o treinamento envolva a prática de compartilhar histórias.

Garantir que os executivos seniores estejam envolvidos no treinamento

Para garantir o sucesso com o storytelling, idealmente, o treinamento de habilidades deve começar com os líderes seniores e, depois, alcançar níveis hierárquicos mais baixos. Embora a ordem não seja crucial, é muito importante que os líderes seniores sejam qualificados.

Ensinar os executivos seniores a compartilhar histórias de forma eficaz acarreta vários benefícios.

Primeiro, eles passam a comunicar suas mensagens de maneira mais cativante, fazendo com que as pessoas realmente as entendam e se lembrem delas.

Segundo, ao compartilhar as próprias histórias, eles são vistos como mais "humanos" e "acessíveis".

Terceiro, eles se tornam exemplos. Quando outras pessoas veem seus líderes seniores compartilhando histórias, isso lhes dá o incentivo e a permissão para fazer o mesmo. Precisamos aceitar a situação: ao longo da carreira, a grande maioria ouviu que deveria "apresentar os fatos" e que "os negócios não são pessoais". Por causa disso, pode ser necessário algum incentivo para que os líderes mais relutantes mostrem um lado mais pessoal.

Treinar todos os líderes

Embora você deva treinar os executivos seniores por todas as razões discutidas, o treinamento não deve se *restringir* a eles. Normalmente, os líderes de hierarquia mais baixa têm maior influência diária no engajamento dos funcionários.

Mas pode ser difícil fazer os líderes de equipe comparecem ao treinamento. Só as demandas de trabalho exigem grande parte de seu tempo. No entanto, um dos aspectos que abordo ao treinar líderes é a capacidade de mostrar vulnerabilidade. Às vezes, o ego os impede de revelar inaptidão na frente dos colegas. Geralmente, essa incapacidade de ser vulnerável é a razão pela qual eles não comparecem ao treinamento. Claro, haverá outras desculpas, como "Não preciso disso", "Já sou bom nisso" e "Não preciso de histórias, pois trabalho com finanças, tecnologia, medicina etc."

Ao aprender storytelling, os líderes tendem a se enquadrar em quatro categorias:

1. **Ceticismo.** Líderes que pensam não precisar do storytelling, pois "lidam com dados e números". (Vejo muito isso em finanças e tecnologia.)
2. **Relutância.** Líderes que acreditam já saber de tudo, pois têm ampla experiência e não veem a necessidade de fazer um treinamento.
3. **Curiosidade.** Líderes que não sabem usar o storytelling, mas que estão dispostos a descobrir. Eles reconhecem os benefícios de contar histórias e comparecem ao treinamento com a mente aberta.

4. **Entusiasmo.** Líderes que desejam aprimorar a habilidade de contar histórias. Como sabem que isso melhorará sua comunicação e influência, eles querem muito desenvolver essa capacidade.

Nos últimos quinze anos, o percentual de cada grupo mudou. Há quinze anos, havia mais líderes céticos e relutantes, mas, como o storytelling passou a ser considerado uma habilidade de negócios, a grande maioria se tornou curiosa e entusiasmada — uma boa notícia que você deve aproveitar!

Treinar as principais equipes de suporte

Além de treinar os líderes, certifique-se de incluir as principais equipes de suporte de recursos humanos, assuntos corporativos e marketing, bem como outros influenciadores-chave. Isso permite que eles apoiem e incentivem o uso do storytelling em toda a organização. Muitas empresas com as quais trabalho fornecem treinamento adicional para esses funcionários, com o objetivo de que se tornem defensores internos do storytelling.

Eles também podem compartilhar histórias para alguns dos canais de comunicação mais tradicionais, como mídias sociais e newsletters.

Um erro que vejo algumas organizações cometerem é educar *apenas* as equipes de suporte. Esse equívoco passa a mensagem de que a responsabilidade de comunicar e compartilhar histórias é exclusiva dessas equipes, quando na verdade é de todos.

Outro erro é não treinar ninguém. Um exemplo disso aconteceu há alguns anos, quando me pediram para treinar os quarenta líderes principais de uma organização, a fim de ajudá-los a comunicar a estratégia da empresa. A estratégia havia sido comunicada cerca de seis meses antes, mas o CEO estava preocupado que os líderes seniores não conseguissem explicá-la corretamente.[1] Ajudar os líderes seniores (incluindo o CEO) a obter clareza sobre as mensagens para comunicá-las de forma eficaz e cativante era uma excelente opção. Mas o diretor de marketing vetou o treinamento, decidindo criar uma única história a ser compartilhada por todos os líderes seniores. Essa ideia não é muito boa. Na verdade, é péssima! Essa técnica se assemelhava à apren-

---

[1] O que me faz pensar que ele não explicou a estratégia corretamente aos líderes seniores...

dizagem mecânica — eficaz para decorar a tabuada, mas não para comunicar uma estratégia complexa a todos os funcionários.

Então, a empresa pediu que eu fizesse uma orientação individual para que cada líder sênior recontasse melhor a história. Recusei o trabalho, pois sabia que era uma receita para o fracasso.

Garantir que o treinamento envolva a prática de compartilhar histórias

Durante meus treinamentos, passo muito tempo ajudando os participantes a entenderem os aspectos práticos por trás do storytelling: por que ele funciona, o que realmente é uma história... afinal, como já discutimos, chamar algo de história não o torna uma história. Ensino a eles como esclarecer sua mensagem, onde encontrar histórias e como construí-las — início, meio e fim — para garantir que passem a mensagem sem que sejam diretivas. Então, vem a parte mais importante: compartilhar a própria história. Por vários motivos, esse compartilhamento verbal é um aspecto fundamental do meu treinamento.

Primeiro, ele proporciona um ambiente seguro para a prática do storytelling. Compartilhar histórias envolve vulnerabilidade, e as pessoas costumam se surpreender com a ansiedade precedente. Às vezes, compartilhar histórias desencadeia emoções inesperadas, e isso deve acontecer em um ambiente seguro.

Segundo, todos experimentam o poder das histórias. Após a sessão de compartilhamento, sempre pergunto do que os participantes gostaram e, inevitavelmente, recebo uma variedade de respostas, tais como:

- **"Gostei muito de ouvir as histórias de outras pessoas."** Este é um insight para muitos participantes que acham as próprias histórias desinteressantes ou inúteis.

- **"Eu me surpreendi com o impacto de algumas histórias. A certa altura, fiquei emocionado."** Mesmo as pessoas mais céticas são afetadas pelo poder das histórias (afinal, são humanas). Ao experimentar esse impacto, elas comprovam a eficácia das histórias.

- **"Senti uma maior conexão com as pessoas que compartilharam suas histórias."** Eu jamais descreveria meu treinamento como uma atividade de formação de equipes ou de vínculos, mas um dos benefícios incríveis desse processo é a aproximação. As pessoas finalizam a sessão com um relacionamento mais próximo. Elas experimentam exatamente o que a pesquisa indica — criamos maior conexão com a história e o contador de histórias; as histórias fortalecem relacionamentos e constroem confiança, desencadeando uma intensa atração magnética.

APÓS O TREINAMENTO, É IMPORTANTE MANTER O RITMO, CRIANDO OPORTUNIDADES ADICIONAIS PARA OS LÍDERES PRATICAREM O COMPARTILHAMENTO DE HISTÓRIAS.

Essas oportunidades adicionais não apenas melhoram a capacidade de contar histórias, mas também preservam o processo de compartilhamento. Uma forma de fazer isso é implementar o compartilhamento no início das reuniões de equipe, pedindo que uma ou duas pessoas contem uma história. Empresas com forte ênfase na segurança têm feito isso por décadas. Uma opção é escolher um valor por mês e solicitar histórias sobre ele.

O treinamento inicial e a continuidade do ritmo acarretam os processos de coleta e comunicação, discutidos a seguir.

Quando as organizações levam a sério o treinamento dos funcionários e implementam processos para manter o ritmo, o storytelling torna-se um hábito. Como consequência, os funcionários prestarão mais atenção às histórias que ouvem. Eles aprofundarão a busca por boas histórias e ajudarão a compartilhá-las para que alcancem o maior número possível de pessoas.

Confira e reflita

- Os funcionários entendem o poder do brand storytelling?
- Os líderes tiveram a oportunidade de se conectar com os valores da empresa?
- Os líderes foram treinados para comunicar o propósito, os valores e a estratégia por meio de histórias pessoais?
- As principais equipes de suporte foram treinadas para incentivar, coletar e comunicar histórias?

COLETAR
COMO ENCONTRAR HISTÓRIAS

Quando as pessoas me perguntam como encontrar histórias para compartilhar, costumo usar a analogia de andar pela praia com um detector de metais. Mas, em vez de procurar e encontrar metais, devem-se procurar e encontrar histórias.

AS HISTÓRIAS EXISTEM, MAS ESTÃO ESCONDIDAS SOB A SUPERFÍCIE. É PRECISO SABER QUANDO E ONDE CAVAR MAIS FUNDO.

Ensinar os líderes e outros funcionários-chave sobre o storytelling, sua marca e suas mensagens acarretará a coleta, mas há um processo que você pode seguir para encontrar ainda mais histórias.

Não basta pedir a alguém para "contar uma história". Esse é um erro comum. A maioria das pessoas pensa que suas atitudes ou realizações não são boas o suficiente para uma história interessante. É preciso extrair a história e os detalhes relevantes.

Se a sua organização já existe há algum tempo, digamos mais de cinquenta anos, e você deseja encontrar histórias do passado (o que aconselho!), talvez precise alocar alguém para analisar registros históricos e descobrir acontecimentos específicos. Essas são as histórias herdadas que discutimos na Parte I. A Fullerton Hotels and Resorts e o Columbia Restaurant, duas empresas mencionadas nos casos de sucesso, fazem exatamente isso. O Columbia Restaurant até contratou um jornalista para fazer pesquisas.

Se você é uma empresa menor ou uma startup mais jovem, é improvável que precise contratar alguém, mas definitivamente precisará de um processo para encontrar histórias passadas e atuais.

Existem várias maneiras de encontrar e coletar histórias. Apresentarei cada uma delas para que você escolha as mais relevantes.

Encontrando histórias atuais

Para encontrar histórias atuais, você precisa realizar um processo para identificar exemplos de quando os funcionários:

- praticaram os valores da empresa;
- demonstraram os comportamentos desejados;
- tomaram decisões alinhadas com a marca.

Pode ser o CEO decidindo algo em nome da organização ou um funcionário casual superando expectativas.

O processo sugerido se chama "sessões de busca". Utilizo esse processo há quinze anos para descobrir histórias magnéticas muito poderosas.

Idealmente, um facilitador experiente deve executar essas sessões: alguém capaz de criar um ambiente seguro, no qual as pessoas estejam dispostas a compartilhar histórias, e de fazer as perguntas certas para cavar um pouco mais fundo.

Você deve incluir um grupo diversificado de funcionários dispostos a contribuir para essas sessões. Além de gênero, etnia e idade, busque a diversidade em termos de:

- **Tempo de contratação.** Inclua pessoas relativamente novas na empresa para que possam compartilhar experiências recentes com funcionários mais antigos. Assim, é possível descobrir poderosas histórias herdadas.

- **Hierarquia.** Faça uma combinação adequada de líderes seniores e funcionários juniores. Dependendo da cultura e da liberdade de se expressar na frente da alta administração, você pode executar sessões com mais funcionários juniores em um grupo e mais seniores em outro. Mesmo com os líderes mais abertos e transparentes, ainda pode haver relutância.

- **Departamento.** Selecione pessoas de vários departamentos da empresa, incluindo funções voltadas para o cliente, funções de suporte e funções de backoffice.

- **Filial.** Dependendo de quantas filiais sua empresa tem, você pode executar essas sessões em cada uma delas.

Para que todos tenham a chance de participar, defina um número máximo de funcionários em cada sessão, cerca de dez a quinze. A duração sugerida para cada sessão é de duas horas.

Sempre ofereça café da manhã, almoço, lanche da tarde ou bebidas. (Explicarei o motivo depois.)

Solicitações a serem feitas

Após organizar uma sessão, você definirá um conjunto de solicitações para extrair histórias dos participantes. Algumas serão mais direcionadas à sua marca definida. Por exemplo, se a característica for "integridade", você pode solicitar: "Descreva um momento em que você ou alguém de sua equipe se opôs a algo que não parecia certo" ou "Descreva um momento em que você ou um colega deveria fazer algo, mas se recusou por questão de princípio". Se você está procurando histórias de marca sobre segurança, pode dizer: "Descreva um momento em que alguém se posicionou e evitou um problema."

Algumas solicitações podem ser mais genéricas, como: "Conte-me sobre um momento em que você sentiu orgulho de trabalhar aqui." Essas solicitações podem desencadear histórias reveladoras.

Solicitações que causam grande efeito incluem:

- Quando você viu um colega ajudar um cliente de uma forma que fez a diferença?

- Descreva um momento em que você ou um colega se esforçou para ajudar um cliente.

- Descreva um momento em que você ou um colega fez o correto para outro funcionário.

- Conte-nos sobre um membro da sua equipe que está fazendo algo de bom na comunidade e deve ser reconhecido.

- Compartilhe um exemplo de quando você viu uma pequena mudança fazer a diferença na vida de um cliente ou colega.

- Descreva uma experiência positiva que um cliente teve com a empresa.

- Descreva uma experiência positiva que um fornecedor teve com a empresa.

- Compartilhe um momento em que você se sentiu feliz e orgulhoso de trabalhar aqui.

- Cite um exemplo de algo inspirador que você viu ou ouviu recentemente no trabalho.

- Compartilhe um momento em que você foi para casa entusiasmado com um acontecimento no trabalho.

Você notará que a palavra "história" não aparece em nenhuma dessas solicitações.

Descobri que, quando você pede às pessoas para contar uma história, por exemplo, "Você pode nos contar uma história sobre o atendimento ao cliente?", elas travam. Usar a palavra "história" faz com que elas pensem que deve ser um grande acontecimento, descartando todos os exemplos considerados.

GARANTO QUE, COM ESSAS SOLICITAÇÕES, AS PESSOAS CONTARÃO UMA HISTÓRIA.

Você pode enviar as solicitações aos participantes com um ou dois dias de antecedência, o tempo necessário para que eles reflitam. Ao enviar as solicitações, esclareça que não é obrigatório responder a todas, pois seu objetivo é apenas instigar. Outra alternativa é distribuir as solicitações no início da sessão.

Facilitando sessões de busca

No dia da sessão, comece explicando:

- o conceito de storytelling;
- por que você decidiu coletar histórias para comunicar a marca da empresa;
- para que você pretende usar algumas das histórias.

GRAVAR AS HISTÓRIAS É UMA BOA IDEIA. PORTANTO, INFORME AOS PARTICIPANTES QUE VOCÊ GRAVARÁ AS HISTÓRIAS PARA FACILITAR A TRANSCRIÇÃO.

Forneça um modelo básico sobre como contar uma história. Não é o workshop completo, apenas algumas orientações para manter as histórias relativamente curtas (alguns minutos), já que, se necessário, você fará perguntas de acompanhamento. Peça-lhes para começar com quando e onde a situação aconteceu.

Para exemplificar a duração e a estrutura, compartilhe uma história. Em seguida, peça aos participantes que façam o mesmo e comece a gravar.

Para monitorar as histórias, escreva o nome da pessoa e um resumo do que foi dito. Isso ajudará na identificação das histórias e dos participantes que as compartilharam.

Se necessário, faça perguntas de acompanhamento. Uma boa pergunta é: "Como você se sentiu?" Às vezes, em um ambiente de negócios, a reação natural é a pessoa detalhar como ela *agiu*; se for o caso, continue perguntando: "Como você se sentiu?"

Esse processo precisa ser simples para que todos tenham a chance de contribuir. Além disso, se as histórias começarem a demorar (e isso acontece naturalmente), lembre os participantes de que a duração é de alguns minutos.

Depois que todos compartilharem uma história, mantenha o ritmo. Nesse ponto, o processo se tornará mais orgânico e uma história desencadeará outra. As pessoas se expressarão, dizendo: "Eu tive uma experiência semelhante..."

Cerca de cinco ou dez minutos antes de finalizar a sessão, pergunte com quais histórias os participantes se identificaram. Quais delas eles recontarão? Anote as respostas, pois é uma indicação de "magnetismo".

Em uma sessão de duas horas, você pode ouvir de trinta a cinquenta histórias, mas talvez restem apenas cinco ou dez para coletar e divulgar.

Ofereça aos participantes um café da manhã ou almoço. Toda vez que faço isso, ao longo desses trinta minutos adicionais, ouço algumas histórias valiosas. Não sei a razão, mas suspeito que, sem a pressão da sessão formal, as pessoas baixem a guarda e compartilhem mais voluntariamente.

Pode ser também que, após noventa minutos ou mais, os participantes adquiram confiança e criem um relacionamento com os presentes, o que acontece quando há histórias. Seja qual for a ciência por trás disso, sei que funciona. Por esse motivo, sempre incluo uma interação social antes que as pessoas se apressem para a próxima reunião.

Análise após a sessão

Após a sessão, você decidirá quais histórias merecem ser documentadas. Utilizando a gravação original, transcreva as histórias selecionadas. Em seguida, envie para a pessoa que contou a história, buscando esclarecimento e aprovação.

Agora você tem a história em formato escrito. Dependendo do que está planejando, você pode gravá-la em vídeo ou áudio e enviar para a pessoa que contou em uma data posterior.

Você também deve analisar os tipos de histórias que ouviu. Foram predominantemente histórias positivas sobre segurança? Em caso afirmativo, isso indica que existe uma forte cultura de segurança. Houve solicitações que não desencadearam exemplos? Se for o caso, isso pode significar que determinado valor não é uma realidade. Talvez você precise se esforçar para garantir que esse valor adquira maior importância.

Certa vez, fiz uma sessão dessas para um cliente que tinha o valor de integridade, mas nenhum exemplo surgiu — mesmo com solicitações específicas!

Por outro lado, há alguns anos, uma empresa de contabilidade, que estava se expandindo, queria definir seus propósitos e valores. Sabendo do meu trabalho, eles pediram minha ajuda. Então, facilitei uma sessão de busca com a equipe, seguindo o processo que acabei de explicar.

Ao ouvir as histórias provenientes das solicitações, anotei as que pareciam ter maior impacto na equipe. Identifiquei certos padrões nas histórias. No final, fizemos uma pausa e as categorizei com base nos temas que surgiam.

Após o intervalo, contei aos participantes sobre o agrupamento de histórias e questionei se as frases a seguir representavam seus valores:

- Todo mundo tem voz.
- Todo mundo é determinado.
- Cumprimos promessas.
- Enfrentamos o impossível.
- Todo mundo contribui com sua genialidade.

A resposta foi unânime: "Essas frases nos resumem perfeitamente."

Eles fizeram pequenas alterações antes de produzirem cartazes para colocar no escritório. (Agradou-me o fato de que eles resistiram à tentação de abreviar as frases em uma única palavra, algo que muitas empresas fazem, mas que prejudica o significado.)

COM BASE NA ANÁLISE, VOCÊ TERÁ UMA BOA INDICAÇÃO DE QUAIS VALORES JÁ ESTÃO INCORPORADOS EM SUA MARCA. VOCÊ TAMBÉM SABERÁ QUAIS VALORES PRECISAM DE UM POUCO DE ATENÇÃO.

Um benefício adicional dessas sessões é que os participantes se sentirão orgulhosos. O engajamento aumentará consideravelmente.

Lembro-me de uma sessão que fiz com funcionários do call center de um banco. Levei Elise, minha gerente-executiva; ela ficou tão impressionada com as histórias que me disse: "Quero trabalhar nesse call center!" Era brincadeira (eu acho). Então, ela revelou: "Eu não sabia que o banco fazia tantas coisas boas — por que ele não as compartilha?" Uma pergunta pertinente.

Independentemente do processo escolhido, você deve encontrar histórias. Pense em suas histórias organizacionais como o álbum de maiores sucessos de uma banda de rock. Quanto mais tempo a organização se mantém, mais músicas ela produz. E, considerando que são boas músicas, ela continuará adicionando volumes II, III e assim por diante às suas coletâneas de maiores sucessos.

Essas histórias de maiores sucessos podem ser compartilhadas internamente para engajar funcionários e externamente para conectar clientes — e de várias maneiras. O que leva à próxima parte: como comunicar histórias.

Confira e reflita

- Você tem um processo para encontrar histórias de funcionários que praticam a marca?

- Você pesquisou alguma história passada que seria significativa o suficiente para compartilhar hoje?

- Como você coleta histórias passadas para garantir que elas não se percam no futuro?

- Você tem uma diversidade de histórias que refletem todos os elementos da sua marca ou ainda há lacunas?

COMUNICAR
ONDE COMPARTILHAR HISTÓRIAS

Após dedicar um tempo a encontrar suas histórias, você precisa compartilhá-las — caso contrário, qual seria o sentido? Há várias maneiras de compartilhar histórias: o único limite é a sua imaginação.

Por exemplo, uma empresa de calçados com sede em Melbourne tem a história de seu nome escrita em um par de sapatos.[1]

> A marca de calçados Django and Juliette foi idealizada por Kerrie Munro. Em 2001, com o nascimento dos gêmeos Django e Juliette, seu sobrinho e sua sobrinha, uma marca distinta de calçados nasceu em Melbourne, Austrália.

Algumas empresas são muito criativas ao compartilhar suas histórias em lugares físicos. O The Fullerton Hotel Singapore, por exemplo, tem uma galeria dedicada à sua herança no saguão. O Columbia Restaurant na Flórida, Estados Unidos, apresenta sua história no cardápio. (Mais detalhes sobre ambos nos casos de sucesso.)

Você precisa comunicar histórias interna e externamente. Uma história no site ou no LinkedIn tem a capacidade de conectar e engajar clientes e funcionários, bem como clientes e funcionários em potencial.

Algumas histórias são compartilhadas apenas em canais internos, como no processo de integração, no Yammer ou no Workspace. Entretanto, os funcio-

---
[1] Sim, comprei um par.

nários podem compartilhar essas histórias externamente, mesmo que seja só com a família e os amigos. Essa é a teoria da "caixa de vidro", mencionada na Introdução.

Neste capítulo, apresentarei algumas das melhores (mas, muitas vezes, subutilizadas) maneiras de comunicar histórias, tanto interna quanto externamente. Espero que, assim, você tenha algumas ideias.

COMO O SUBTÍTULO DESTE LIVRO INDICA, COMPARTILHAR HISTÓRIAS MAGNÉTICAS SOBRE SUA MARCA SIGNIFICA SE CONECTAR COM CLIENTES E ENGAJAR FUNCIONÁRIOS.

A seguir, veremos como e onde fazer exatamente isso.

Integração

O objetivo dos programas de integração é inserir novos funcionários à empresa da maneira mais eficaz e eficiente. Basicamente, é proporcionar-lhes o necessário para executar o trabalho o mais rápido possível. Mas também é um dos locais mais eficazes para engajá-los por meio de histórias e fazê-los entender a cultura da empresa desde o primeiro dia.

Embora a integração deva abranger processos, sistemas e informações importantes sobre saúde e segurança, ela também deve incluir os valores e comportamentos esperados do novo funcionário. Isso se aplica a um programa formal de integração ou a um programa informal de orientação.

AS HISTÓRIAS APRESENTADAS NA INTEGRAÇÃO PODEM ENGAJAR OS NOVOS FUNCIONÁRIOS DESDE O INÍCIO.

O National Australia Bank (NAB) é um dos meus clientes de longa data. Trabalhei lá por dezessete anos, começando como estagiária de tecnologia da informação em 1988. Quando saí, em 2005, o banco foi meu primeiro cliente (obrigada, Kate e Phil) — e ainda trabalho com vários de seus líderes. Em 2018, o NAB reformulou o programa de integração a fim de estabelecer um entendimento compartilhado da sua cultura. Era importante para Melissa Grasso, então diretora de Desenvolvimento da Cultura, e para a equipe de entrega (incluindo Jennifer Gosden) que esse entendimento fosse mais do que intelectual, impactando as pessoas em um nível emocional.

Antes da pandemia de Covid-19, todos os novos funcionários do banco, independentemente do cargo ou da agência, foram convidados para um programa de integração chamado Bem-vindo ao NAB. Não ocorreu no primeiro dia de trabalho, mas foi logo depois das contratações. O programa, que abordou o propósito e os valores da empresa, foi acompanhado por um facilitador interno e conduzido por um ou dois líderes seniores. As sessões de imersão em cada valor foram administradas por facilitadores adicionais.

O programa reconheceu o poder das histórias: ao longo do dia, os participantes se engajaram com histórias instigantes ou emocionalmente impactantes de clientes, colegas e líderes seniores do NAB. Dado que os líderes seniores têm um papel crítico na estratégia e no propósito do banco, foi oferecido um treinamento de storytelling a todos os líderes envolvidos no programa. Isso lhes deu a oportunidade de melhorar sua capacidade de comunicação de maneiras que poderiam ser aplicadas em todos os aspectos profissionais.

Após o treinamento de storytelling, a equipe de entrega orientou os líderes, explicando como a integração seria executada, quais mensagens precisariam ser comunicadas e quais tipos de histórias deveriam ser preparados. Semanas antes do programa de integração, os líderes compareceram a uma sessão de coaching para aperfeiçoar suas histórias. No dia anterior ao programa, eles fizeram um ensaio, no qual receberam feedback para a versão final das histórias. O ensaio foi filmado para auxiliar ainda mais os líderes. Eles mencionaram que, embora fosse estranho assistir às gravações, elas foram úteis, pois mesmo os líderes mais experientes em falar em público se beneficiaram ao aprimorar a prática. Esse nível de apoio aos líderes foi implementado depois que Jennifer analisou os primeiros programas de integração. Ela percebeu o potencial de criar maior impacto com uma preparação adicional das histórias.

Como os líderes se concentravam em histórias relacionadas ao trabalho, eles foram incentivados a começar o dia com uma história sobre o propósito da empresa, mostrando uma foto relevante de sua vida pessoal. O objetivo era a aproximação, já que as histórias pessoais eliminam as barreiras da hierarquia.

Os líderes que compartilharam fotos tirando férias com a família, praticando seu esporte favorito ou ensinando basquete obtiveram uma conexão instantânea. Essa abordagem foi bem recebida pelos participantes e ajudou a definir um tom acolhedor e acessível.

A decisão de reformular o programa de integração foi intencional. Melissa acreditava que as histórias proporcionariam benefícios para a empresa, para os líderes envolvidos e para os participantes. Por exemplo, os líderes se tornaram mais capazes de articular o propósito e os valores da empresa, não apenas para as pessoas no programa, mas também para suas equipes.

As histórias permitiram que os novos funcionários entendessem melhor o propósito, a estratégia e os valores do NAB, conectando-se genuinamente. Além disso, eles se identificaram com os líderes que compartilharam histórias. A barreira da hierarquia foi quebrada pelo storytelling.

Michelle Obama explica melhor essa questão:

> Digo às pessoas que nos concentramos demais em estatísticas, e não em histórias. Se nos abrirmos um pouco mais e compartilharmos nossas histórias — histórias reais —, quebraremos barreiras.

O Discurso-chave

As histórias compartilhadas na integração não precisam ser de líderes atuais. Veja, por exemplo, a empresa de design e arquitetura Arup.

Como parte de sua integração, todos os funcionários devem ler um discurso do fundador, Ove Arup, feito em 1970. Chamado de "Discurso-chave", ele é exibido no site e no processo de integração.

Em sua integração e outros programas internos, a SoftwareONE, uma empresa global de soluções tecnológicas com sede na Suíça, mostra um vídeo de seu fundador, Patrick Winter, que faleceu em 2018. No vídeo, Patrick fala sobre o propósito e os valores da empresa.

Pense em quais histórias você poderia compartilhar com novos funcionários para engajá-los no propósito e nos valores da empresa.

Os programas de integração não devem simplesmente mostrar onde fica a cozinha e o armário de papelaria. Os novos funcionários não devem apenas ouvir quais são os valores; para que adquiram significado, é preciso comunicá-los por meio de histórias.

Lembre-se, um programa de integração não se restringe a grandes organizações. Independentemente do tamanho da empresa, é importante pensar nas histórias compartilhadas com novos funcionários desde o primeiro dia. Em uma reunião de trinta minutos com cada contratado, Steve Plarre, CEO da Ferguson Plarre Bakehouses, compartilha histórias de criação da sua empresa familiar, que já está na quinta geração (mais detalhes nos casos de sucesso).

Eu não gostaria de deixar o processo de reflexão para o final deste capítulo, então farei três perguntas após cada explicação.

Três perguntas a considerar

1. Qual história de criação todos os funcionários devem conhecer?
2. Quais histórias de funcionários que praticam valores podem mostrar aos novos contratados os comportamentos esperados?
3. Qual história de comunidade, desafio ou cliente ajudará os funcionários a criarem um vínculo com sua marca?

Textos — newsletters, e-mails e relatórios anuais

Não cometa o erro de compartilhar histórias em um único formato; opte também por newsletters, e-mails e outros textos. As histórias em formato escrito podem ser uma forma eficaz de alcançar clientes e funcionários.

MUITAS EMPRESAS ESTÃO PERCEBENDO A IMPORTÂNCIA DE INCLUIR HISTÓRIAS NO RELATÓRIO ANUAL, NOS RELATÓRIOS FINANCEIROS E NOS REQUISITOS NORMATIVOS.

A SisterWorks, uma empresa que já mencionei, aproveita o relatório anual e o site para compartilhar as histórias de muitas das mulheres que apoia.

Uma dessas histórias inclui Manaka, do Japão:

> *Manaka tinha apenas nove anos quando chegou à Austrália com a mãe e as irmãs. Agora formada em ciência alimentar e com uma paixão por gastronomia, ela aproveitou a oportunidade para se voluntariar na SisterWorks como assistente de produção de alimentos. Ela gostava de trabalhar na cozinha da SisterWorks, mas queria mais desafios, então se inscreveu como coordenadora de degustação, ajudando a gerente de vendas a organizar degustações nos supermercados Ritchies.*
>
> *Então, a SisterWorks ofereceu a Manaka uma função remunerada em seu Laboratório de Culinária, o que levou ao cargo de líder de produção de alimentos.*
>
> *Manaka é uma mulher com muitas habilidades e que adora desafios. Agora, ela está aprendendo como gerenciar pessoas e equipes. Essas habilidades a ajudarão a conquistar seu emprego dos sonhos no desenvolvimento de produtos alimentares.*

Três perguntas a considerar

1. Como você poderia incorporar histórias em seu relatório anual ou outros materiais escritos para torná-los mais interessantes?
2. Qual história de cliente você poderia apresentar em seu relatório?
3. Qual desafio enfrentado nos últimos doze meses você poderia incluir?

Filmes

Produzir um filme para sua empresa pode parecer um pouco incomum. É um projeto demorado e caro, mas foi exatamente o que a empresa de petróleo e gás Apache Corporation fez em 2019.

Em novembro de 2017, a Apache introduziu uma nova visão. A empresa não queria que a visão fosse puramente aspiracional, como a maioria, mas, sim, inspiradora para os funcionários.

Anne Hedrich fez parte da campanha de comunicação dessa nova visão, e houve uma abordagem deliberada de storytelling.

Para dar vida à visão e à cultura da empresa, Anne entrevistou funcionários nas principais filiais da Apache. O resultado foi um curta-metragem de trinta minutos, intitulado *The Path to Premier* e exibido internamente.

Inicialmente, o plano era alugar salas de cinema, mas a empresa acabou transformando cada filial em uma experiência cinematográfica completa, com pipoca, cachorro-quente e estrelas do estilo Calçada da Fama, que apresentavam os nomes dos funcionários destacados no filme.

A Apache também criou um trailer para o filme, bem como cartazes de alguns dos funcionários, fazendo-os parecer estrelas de cinema.

Anne disse que a experiência gerou muito entusiasmo e união entre os funcionários, enfatizando que cada função era importante para o sucesso da empresa.

O Columbia Restaurant Group (apresentado nos casos de sucesso) também produziu um filme sobre um restaurante adquirido pela empresa: o Goody Goody, um drive-in fundado em 1925, em Tampa, Flórida. Por décadas, Richard Gonzmart, presidente do Columbia Restaurant Group, e sua família foram grandes fãs do restaurante. Então, em 2005, quando o proprietário anterior encerrou as atividades e demoliu o prédio, a empresa adquiriu os direitos, incluindo nome, receitas, letreiros, móveis, fotos e lembranças. O longa-metragem de 45 minutos mostra o início do Goody Goody, seu significado para os moradores locais e o impacto de seu fechamento até o Columbia Restaurant Group reconstruí-lo e reabri-lo em 2016.[2]

> **Três perguntas a considerar**
>
> 1. Na sua empresa, há algo inusitado o suficiente a ponto de virar filme?
> 2. Qual seria o propósito desse filme?
> 3. Após produzi-lo, em que outros canais, como programa de integração, site e mídia social, você poderia compartilhá-lo?

Site

Há alguns anos, conheci uma mulher que administrava várias creches. Ela era dentista, então fiquei intrigada com a mudança de carreira. Ela me disse que demorou muito para engravidar do filho, Joe. Quando estava pensando em voltar ao trabalho, começou a procurar uma creche e ficou insatisfeita com o que viu. Então, comprou uma e a transformou em um local onde Joe se sentiria feliz. Todos os seus funcionários conhecem essa história, a tal ponto que, quando devem tomar uma decisão, se questionam: "Isto deixaria Joe feliz?" Embora Joe agora esteja na escola, e não mais na creche, a mensagem não se perdeu.

REFLITA POR UM INSTANTE: COMO ESSA HISTÓRIA FAZ VOCÊ SE SENTIR? O QUE ELA DIZ SOBRE A MARCA E OS VALORES DA EMPRESA?

Ouvir essa história impactaria sua decisão no momento de escolher uma creche? Sei que, se eu estivesse procurando por uma e me deparasse com essa história, não pensaria duas vezes.

---

[2] Você pode encontrá-lo no canal do YouTube do Columbia Restaurant.

Muitas empresas perdem uma grande oportunidade ao não colocar a história de criação em seu site; em vez disso, optam por um parágrafo repleto de jargões. O site costuma ser uma das primeiras interações que as pessoas terão com a marca. Para criar uma conexão instantânea, que tal compartilhar uma seleção de histórias com base nos cinco tipos abordados na Parte II? A maioria das histórias apresentadas neste livro está no site das empresas.

As histórias podem ser escritas ou em vídeo. A Who Gives A Crap tem um ótimo vídeo em seu site explicando como a empresa começou — procure-o.

Não sei dizer qual dos formatos é melhor; utilizo ambos, mas com um conteúdo ligeiramente distinto. O verdadeiro segredo é garantir que as histórias em seu site não se resumam a uma linha do tempo.

Três perguntas a considerar

1. Quais histórias você poderia incluir em seu site — por exemplo, uma história de criação na aba "Sobre Nós"?

2. Quais histórias de cultura ou de comunidade você poderia usar em seu site para demonstrar os valores da empresa?

3. Quais histórias de cliente você poderia inserir em seu site para mostrar o que faz e como faz? Talvez uma entrevista?

Mídia social

Há alguns anos, a empresa de contabilidade global EY introduziu o "Flextober": durante o mês de outubro, os funcionários são incentivados a compartilhar nas mídias sociais os benefícios do trabalho flexível. Como a empresa quer ser conhecida por suas condições de trabalho flexíveis, ela incentiva os funcionários a tirar selfies e postar sobre o assunto em suas mídias sociais, como LinkedIn e Facebook. Muitas vezes, você verá outros funcionários compartilhando, curtindo e comentando essas postagens.

Fico sabendo das coisas boas que algumas empresas fazem apenas porque os funcionários as compartilham nas mídias sociais.

Autorize e incentive os funcionários a compartilhar histórias que comuniquem a marca da empresa. Os canais de mídia social internos e externos podem ser uma ótima maneira de fazer isso.

À medida que as plataformas de mídia social evoluem, é importante se manter atualizado para saber quais delas são mais eficazes. O Instagram é uma plataforma popular entre as empresas que compartilham histórias de marca. E, em 2020, o TikTok lançou o TikTok For Business para permitir que as marcas comuniquem suas histórias de maneira mais criativa e cativante.

SUA MÍDIA SOCIAL NÃO DEVE SER EXAGERADA; DO CONTRÁRIO, PARECERÁ PUBLICIDADE. MAS SUA POLÍTICA NÃO PODE SER TÃO COMPLICADA E CRITERIOSA A PONTO DE OS FUNCIONÁRIOS NÃO SABEREM O QUE PODEM COMPARTILHAR.

Três perguntas a considerar

1. Você incentiva seus funcionários a compartilharem histórias nas mídias sociais, como LinkedIn?
2. Existem plataformas de mídia social que você poderia usar de forma mais eficaz para compartilhar histórias de marca?
3. Existem histórias de cliente que você poderia compartilhar nas mídias sociais para amplificar sua voz?

Apresentações, entrevistas e discursos

Em 2016, Sheryl Sandberg, diretora de operações do Facebook e autora do best-seller *Faça Acontecer*, fez o discurso de formatura na Universidade da Califórnia em Berkeley.

Seu discurso de 25 minutos incluiu pelo menos dez histórias e inúmeros exemplos para reforçar suas mensagens. Nos primeiros minutos, ela compartilhou uma história sobre sua avó que frequentou Berkeley na década de 1970, tornando-se a primeira graduada da família. Ela também silenciou a multidão com a frase "Há um ano e treze dias, eu perdi meu marido, Dave". A história da morte de seu marido demonstrou coragem, vulnerabilidade e aprendizado em momentos difíceis. Embora tenha durado apenas alguns minutos, Sandberg a retomou diversas vezes em seu discurso para dar vida às mensagens que queria comunicar.

Muitas vezes, os líderes empresariais me perguntam: "Quantas histórias são suficientes?" Após assistir ao discurso de Sandberg, acho que a resposta é: "Não existe um limite", sobretudo se forem relevantes, cativantes e bem contadas. Infelizmente, no mundo dos negócios, estamos longe de atingir um limite. No espectro de muitos bullet points versus muitas histórias, infelizmente, ainda optamos pela primeira opção. O que não é muito cativante.

As apresentações nem sempre precisam ter o mesmo formato. Quando trabalho com clientes para ajudá-los com sua apresentação, sugiro: "Por que você não faz em estilo de entrevista?" Faço essa sugestão porque as perguntas certas resultarão em histórias compartilhadas. O entrevistador pode fazer perguntas adicionais que acarretarão mais histórias do que em uma apresentação tradicional.

Lembro-me de ter aprendido essa lição no início da minha carreira de storytelling, quando trabalhei com Rob Jager, presidente da Shell na Nova Zelândia. Rob faria uma apresentação sobre liderança, valores e comportamentos, e eu deveria ajudá-lo a ser claro nas mensagens e nas histórias que compartilharia com os líderes.

Na verdade, não lembro quem sugeriu a entrevista em vez da apresentação, mas decidimos que eu o entrevistaria no palco. Sabíamos quais mensagens queríamos comunicar e planejamos a maioria das perguntas, mas deixamos espaço para a espontaneidade. E foi exatamente o que aconteceu. No palco, Rob estava mais relaxado, e eu tinha liberdade para aprofundar suas histórias com perguntas de acompanhamento.

Portanto, embora tenha sido preparada, a entrevista pareceu mais genuína e definitivamente foi mais cativante.

> **Três perguntas a considerar**
>
> 1. Qual é o tema principal da sua apresentação e com qual história pessoal você poderia começar para se conectar com o público imediatamente?
> 2. Quais histórias de cultura você pode inserir para comunicar suas mensagens, mas também reforçar sua marca?
> 3. Sua apresentação precisa ser tradicional ou pode ser em formato de entrevista, o que a tornaria cativante e possibilitaria mais histórias compartilhadas?

Interações com o cliente

Lembra-se de Kim Seagram, da destilaria de gin na Tasmânia? Entrei em contato com ela para falar sobre histórias. Ela disse que, apesar de ser formada em biologia, entende que, quando se trata de marketing, "as histórias são mais eficazes do que a publicidade". Kim acredita que, por meio das histórias, é possível "construir uma comunidade" e que "as pessoas criam uma conexão com a empresa devido às histórias, e não a produtos e serviços". Ela acrescentou que "as histórias fazem as pessoas quererem cooperar".

Kim adquiriu essa percepção quando abriu o restaurante Stillwater, no Vale do Tamar, em 2000. Com a ambição de transformar a Tasmânia em um destino gastronômico renomado, ela fazia questão de utilizar suprimentos locais.

Kim explicou que não se tratava de contar sua história, mas de compartilhar as histórias da Tasmânia e dos produtos servidos. "Eu poderia compartilhar essas histórias com os clientes a noite toda, falando sobre a manteiga em seu prato, a carne de veado ou wallaby que estavam comendo, o vinho e a cerveja locais... Eu poderia até compartilhar histórias sobre a mesa em que estavam sentados, feita de madeira local."

Kim acredita que essas histórias transformam uma mera refeição em uma experiência gastronômica, resultando em maior conexão e valorização por parte dos clientes.

As interações com clientes baseadas em relacionamento, como as que acontecem no setor de lazer e turismo, oferecem mais oportunidades para compartilhar histórias. Essas oportunidades também são maiores para empresas de serviços profissionais ou consultores que trabalham com clientes por um longo período, diferentemente das interações transacionais. (Não preciso ouvir uma história sempre que compro leite ou abasteço meu carro!)

Três perguntas a considerar

1. Quais histórias seus funcionários da linha de frente poderiam compartilhar com os clientes para se conectar melhor com eles?
2. Quais histórias aprimorariam a experiência do cliente?
3. Quais histórias poderiam ser compartilhadas para reforçar sua marca?

Argumentos de venda

As histórias também podem ajudá-lo a se conectar com clientes em potencial; portanto, argumentos de venda e reuniões são opções óbvias para compartilhá-las. Como diz Seth Godin: "O marketing já não se resume às coisas que você faz, mas às histórias que você conta."

Muitos dos meus clientes me pedem para ajudá-los a usar histórias de forma mais eficaz em seus argumentos de venda. Eles entendem que os concorrentes utilizam uma abordagem 95% semelhante — e que é possível influenciar um comprador ao estabelecer uma conexão humana.

Você já deve ter conversado com vários fornecedores para escolher o mais adequado. E provavelmente descobriu, antes mesmo de refletir racionalmente, que já havia tomado a decisão de forma emocional, pois gostou mais de um do que dos outros. Certamente, o seu preferido compartilhou histórias que aceleraram a conexão e o relacionamento, criando a percepção "gosto de você".

QUEREMOS TRABALHAR COM PESSOAS DE QUE GOSTAMOS E COM QUEM NOS CONECTAMOS — E É ASSIM QUE AS HISTÓRIAS PODEM AJUDAR.

Três perguntas a considerar

1. Em um argumento de venda, quais histórias você poderia compartilhar para demonstrar valores comuns a seu cliente em potencial?

2. Quais histórias estabeleceriam uma conexão humana (ao contrário dos estudos de caso, que apenas informam)?

3. Nos momentos informais antes e após a reunião, quais histórias você poderia compartilhar para criar a percepção "gosto de você"?

Espero que este capítulo tenha ajudado você a pensar em diferentes formas de comunicar suas histórias de marca. Não abordei todas as maneiras ou lugares possíveis para comunicar uma história, então farei três perguntas finais.

Confira e reflita

- Qual desses canais você já utiliza, mas poderia aproveitar melhor?
- Qual desses canais você não tinha considerado, mas poderia usar?
- Em quais outros canais você poderia compartilhar suas histórias?[3]

[3] Se você compartilha histórias de outra maneira única, eu adoraria saber. Veja como me contatar no final deste livro!

CRIAR
COMO ORIGINAR HISTÓRIAS

No capítulo anterior, apresentei algumas maneiras de comunicar histórias, mas deliberadamente deixei uma de fora.

Não é um "canal" de comunicação convencional, mas costuma ser o mais influente, pois pode atingir mais pessoas do que você imagina.

Compartilhar suas histórias nesse canal é de graça. E ele pode fortalecer ou destruir sua marca.

Estou falando sobre o boca a boca.

Cada pessoa com quem você interage faz parte dele. Colegas, clientes, potenciais clientes, funcionários, potenciais funcionários, fornecedores, parceiros, concorrentes... todos.

A comunicação boca a boca engloba conversas informais entre as pessoas.

COMO ELE NÃO SEGUE NENHUMA REGRA OU ESTRUTURA PREDETERMINADA, AS NOTÍCIAS PODEM SE ESPALHAR RAPIDAMENTE.

Pense no boca a boca como uma peça de hardware, e o software são as histórias que circulam por ele. Embora você não possa controlá-lo, certamente pode influenciá-lo por meio das histórias compartilhadas e das ações e decisões que originam histórias. Portanto, vale a pena entender o poder e o funcionamento dele.

Em primeiro lugar, não existem regras formais para o boca a boca. Quando uma história circula, você não terá controle sobre quantas pessoas ela alcançará ou quem alcançará.

Você também não terá controle de qualidade. Tal como em um telefone sem fio, a mensagem pode ser distorcida. Você não saberá quem ouviu a mensagem ou qual foi a mensagem transmitida.

O boca a boca não é linear. Ele não respeita políticas de comunicação de cima para baixo. Você não conseguirá controlar ou registrar quais histórias circulam ou quem é responsável por transmiti-las. Ninguém precisa de autorização para inserir uma história no boca a boca, o que o torna um canal extremamente rápido.

Decisões ruins e atitudes imperdoáveis podem acarretar histórias negativas que, em alguns casos, prejudicam bastante a marca. A confiança e a reputação podem ser rapidamente perdidas, e reconquistá-las é um processo demorado.

AS HISTÓRIAS NEGATIVAS TENDEM A SE ESPALHAR MAIS RÁPIDO DO QUE AS POSITIVAS.

O bom e o mau

Em 2019, um grupo de alunos do St Kevin's College, em Melbourne, foi gravado cantando músicas sexistas no transporte público. O vídeo viralizou e prejudicou bastante a marca da escola.

Em 2020, mesmo sabendo de sua importância arqueológica, a gigante da mineração Rio Tinto explodiu cavernas na região de Pilbara, na Austrália Ocidental. O sítio arqueológico era um dos mais antigos da Austrália, com indícios de ocupação humana que remontam a 46 mil anos. As cavernas tinham grande significado cultural para os proprietários tradicionais da terra, que se opunham a destruí-las. Mesmo assim, a Rio Tinto as demoliu e defendeu suas ações — o que, novamente, prejudicou bastante a marca.

Sempre que ouço "United Airlines", penso na companhia aérea retirando à força um passageiro, pois o avião estava lotado. Sempre que ouço "Exxon", penso no derramamento de petróleo do Exxon Valdez que ocorreu em 1989.

Como o derramamento de petróleo do Exxon Valdez nos mostra, o boca a boca pode durar por muito tempo — o que não é bom se a história negativa for sobre você ou sua empresa. Mas, se for uma história positiva, faça o melhor para mantê-la viva.

Por exemplo, você já ouviu a história sobre o homem que devolveu um conjunto de pneus para uma loja da Nordstrom? Ele os comprou em uma loja de pneus que havia fechado e dado lugar a uma loja recém-inaugurada da Nordstrom. A Nordstrom nem sequer vende pneus, mas reembolsou integralmente o homem.

Há muitos posts de blog e artigos baseados nessa história. Ao pesquisá-la, você encontrará inúmeros resultados. Essa história aconteceu há 46 anos, em 1975, e as pessoas ainda comentam sobre ela: décadas de publicidade gratuita e propaganda boca a boca.

ESSE SIMPLES ATO DE EXCEPCIONAL ATENDIMENTO AO CLIENTE CRIOU UMA HISTÓRIA DE MARCA QUE É CONTADA ATÉ HOJE.

Tenho certeza de que, em 1975, o funcionário da Nordstrom não pensou na longevidade da história; ele estava apenas praticando o valor de fornecer um excepcional atendimento ao cliente. Se alguém tivesse lhe contado que sua atitude seria relembrada por décadas, com inúmeros resultados de pesquisa no Google, ele teria questionado: "O que é Google?"

Pesquisei exaustivamente essa história da Nordstrom, mas não consegui encontrar a fonte original. Não sei se foi o cliente ou a empresa que contou a história pela primeira vez, inserindo-a no boca a boca.

O ponto-chave do boca a boca não é a atitude em si, mas, sim, *a história sobre a atitude*. Se o cliente não contar a ninguém, se o funcionário não contar a ninguém, se outros clientes ou funcionários não testemunharem e, portanto, não contarem a ninguém, a atitude passará despercebida.

Se a atitude resultar em uma história, ela cairá no boca a boca; do contrário, será esquecida.

Em um mundo de mídias sociais, seus clientes inserirão a maioria dessas histórias no boca a boca, tanto as positivas quanto as negativas. Mas você não deve depender apenas deles para compartilhar histórias.

Imagine se um de seus colaboradores tivesse uma atitude semelhante à do funcionário da Nordstrom e o cliente nunca contasse a ninguém. Seria uma oportunidade perdida de reforçar sua marca.

Não estou sugerindo que você publique um comunicado toda vez que os funcionários oferecerem um ótimo atendimento ao cliente. Mas talvez existam algumas histórias dignas de compartilhar.

Todos os canais discutidos no capítulo anterior inserirão as histórias no boca a boca e, se houver atração, as pessoas comentarão sobre elas e as compartilharão. A destilaria de gin Archie Rose, já mencionada, é um ótimo exemplo. A empresa divulgou sua mudança de produção de gin para álcool em gel, e a história se espalhou rapidamente, pois as pessoas se sentiram atraídas.

Nem todas as histórias precisam ser compartilhadas no boca a boca externo; sua empresa tem um boca a boca interno que abrange todos os funcionários, diariamente.

Trata-se da natureza cíclica do modelo apresentado no início da Parte III. Uma história criada a partir do ótimo atendimento ao cliente pode ser coletada (adicionada ao álbum de maiores sucessos) e, depois, comunicada por meio de um dos canais já discutidos. Talvez ela se torne parte do processo de integração, de uma newsletter ou de um e-mail para sua equipe.

ESTE É O EFEITO ESPIRAL DO BRAND STORYTELLING — O PROCESSO CONTÍNUO DE COLETAR, COMUNICAR E CRIAR CADA VEZ MAIS HISTÓRIAS QUE MOSTRAM SUA MARCA EM AÇÃO.

É importante mencionar que essa abordagem não é uma manobra publicitária ou um truque de marketing. As pessoas percebem quando algo é falso. Suas palavras e suas atitudes precisam ser coerentes com a marca. Elas devem estar alinhadas com seus valores e propósitos centrais.

Algumas pessoas se referirão à impressão causada como "perspectiva"[1]. Mas, independentemente do nome, o assunto é alinhamento de marca. É por isso que definir sua marca é um primeiro passo importante para o brand storytelling.

Amplifique sua marca

Sua reação a uma crise pode amplificar suas histórias. Vimos muitas atitudes que originaram histórias durante a pandemia de coronavírus, desde bancos que prorrogaram o vencimento de boletos a grandes empresas que suspenderam as demissões.

A fiscalização foi tão grande que levou à criação de um site para avaliar atitudes de empresas e celebridades durante a pandemia. O DidTheyHelp.com, fundado e administrado por um grupo de voluntários de diferentes países, classifica empresas e celebridades como "heroes" ou "zeroes".[2]

Por exemplo, o Airbnb foi classificado como "heroes" por fornecer alojamento gratuito para socorristas nas linhas de frente, contando com a colaboração dos anfitriões. A empresa também divulgou que pagaria US$250 milhões aos anfitriões para ajudar a cobrir o custo dos cancelamentos relacionados à Covid-19. Além disso, os fundadores não receberam salário por seis meses e os principais executivos tiveram um corte de 50% para ajudar a pagar os funcionários.

A autenticidade do Airbnb

Com as restrições de viagem, Brian Chesky, cofundador e CEO do Airbnb, enviou uma carta a todos os funcionários em 5 de maio de 2020. Ela foi am-

---

[1] Junto com "pivot", um dos jargões mais usados.
[2] Em junho de 2020, essas classificações foram adicionadas à forma como empresas e celebridades respondem ao Black Lives Matter e aos direitos LGBTQ.

plamente divulgada nas redes sociais, com comentários positivos sobre sua cordialidade e autenticidade.

Chesky confirmou as demissões, dizendo:

> Hoje, devo confirmar que estamos reduzindo a força de trabalho do Airbnb. Para uma empresa como nós, cuja missão é centrada no pertencimento, esta é uma situação incrivelmente difícil de enfrentar e será ainda mais difícil para aqueles que precisam deixar o Airbnb.

Em seguida, ele esclareceu como a liderança chegou à decisão de demitir 25% dos funcionários, mostrando grande transparência ao informar os princípios orientadores que pautaram a redução da força de trabalho. Então, ele explicou como os demitidos seriam tratados, incluindo detalhes da rescisão e apoio ao trabalho. A carta foi finalizada da seguinte forma:

> Quero dizer algumas palavras finais. Tenho um profundo sentimento de amor por todos vocês. Nossa missão não se trata apenas de viagens. Quando criamos o Airbnb, nosso slogan original era "Viaje como um ser humano". A parte humana sempre foi mais importante do que a parte da viagem. Prezamos o pertencimento e, em seu âmago, está o amor.

> Para aqueles que permanecerem:

> Uma das principais maneiras de honrar as pessoas que saírem é demonstrar que suas contribuições foram importantes e que elas sempre farão parte da história do Airbnb. Tenho certeza de que, assim como essa missão, seu trabalho perdurará.

> Para aqueles que deixarem o Airbnb:

> Eu realmente sinto muito. Por favor, saibam que não é culpa sua. O mundo nunca deixará de buscar as qualidades e os talentos que vocês trouxeram para o Airbnb, ajudando-o a se tornar realidade. Quero agradecer-lhes, do fundo do meu coração, por compartilhá-los conosco.

> Brian

Esse e-mail e as atitudes descritas nele demonstraram os valores centrais da empresa e ajudaram a originar histórias positivas no boca a boca.

PARABÉNS! Você conseguiu! E ainda vai longe!

Outro grande exemplo de como suas atitudes criam histórias vem de Margie Warrell, minha amiga, colega e escritora da John Wiley & Sons.

Em setembro de 2020, ao viajarem dos Estados Unidos a Singapura, Margie e o marido tiveram que passar quatorze dias obrigatórios em quarentena. Assim como todas as outras pessoas, eles não podiam escolher o hotel e acabaram hospedados no JW Marriott. Margie disse que "ficou muito satisfeita", pois já tinha uma história com os hotéis Marriott. Alguns anos antes, ela havia conduzido programas de liderança para a empresa e facilitado um bate-papo informal com o Sr. Bill Marriott.

O valor estabelecido pelo governo de Singapura para a estadia durante a quarentena era significativamente menor do que o convencional, algo ainda mais evidente quando Margie e o marido foram transferidos para uma suíte por precisarem de espaço extra para trabalhar. Ela não tinha expectativas, então ficou extremamente grata pela mudança de quarto.

Era de se esperar que, em tal situação, os padrões de serviço fossem reduzidos. No entanto, Margie e o marido experimentaram o oposto: eles foram tratados de forma excepcional durante toda a estadia. Na manhã de sua partida, um presente foi colocado do lado de fora da porta: um certificado que dizia *PARABÉNS! Você conseguiu! E ainda vai longe!*

Margie disse que se sentiu especial pelo simples ato de permanecer no quarto de hotel. A equipe não sabia que ela era uma escritora best-seller. O certificado fez com que ela se sentisse reconhecida, de modo semelhante a todos os outros hóspedes. Assim como Margie, eles devem ter compartilhado a experiência com a família e os amigos. Alguns devem ter postado uma foto do certificado no Facebook ou no Instagram, divulgando a história ainda mais amplamente.

Por ser uma excelente escritora, Margie relatou a experiência em um artigo publicado na revista *Forbes*. Ela também gravou um vídeo, compartilhando-o com seus inúmeros seguidores.

A atitude dos funcionários do JW Marriott originou uma história que, nesse caso, se espalhou muito mais do que eles poderiam imaginar.

NOSSAS ATITUDES ORIGINAM HISTÓRIAS IMEDIATAS QUE PODEM CIRCULAR POR VÁRIOS ANOS.

Por exemplo, a história de Roger Corbett, CEO da Woolworths, devolvendo o carrinho de compras; de Steve Jobs jogando o iPod em um aquário; e do funcionário da Nordstrom reembolsando o valor dos pneus.

Então, para reiterar, você não pode controlar o boca a boca, mas certamente pode influenciá-lo. Lembre-se: se ele é uma peça de hardware, as histórias são o software. Elas fomentam o boca a boca.

Há histórias sobre sua empresa circulando no boca a boca. Mas você sabe quais são? Você tenta influenciar as histórias compartilhadas?

APÓS ENTENDER O PODER DO BOCA A BOCA E IMPLEMENTAR O BRAND STORYTELLING, VOCÊ TERÁ MAIOR CONTROLE SOBRE SUA MARCA, CONECTANDO-SE COM CLIENTES E ENGAJANDO FUNCIONÁRIOS DE FORMA AUTÊNTICA.

Confira e reflita

- Quais histórias você está criando?
- Quais histórias seus funcionários estão criando a cada interação com o cliente?
- Eles estão atraindo pessoas para sua marca ou afastando-as?
- Você está buscando maneiras de criar histórias magnéticas?

PARTE IV
Histórias Magnéticas em AÇÃO

Durante a pesquisa deste livro, entrevistei várias pessoas para obter exemplos de boas histórias, muitas das quais você leu nas páginas anteriores.

No entanto, algumas empresas realmente se destacaram no uso estratégico do brand storytelling, tanto interna quanto externamente. Constatei que elas poderiam fornecer informações valiosas para outras pessoas.

Nesta parte do livro, apresentarei esses exemplos notáveis, que nomeei de "casos de sucesso" em vez de "estudos de caso", pois acho que reflete melhor a criação e o impacto dessas histórias.

Os estudos de caso costumam focar as informações factuais. Porém, se você priorizar as *pessoas*, e não os processos e os resultados, a leitura se tornará mais cativante.

Como tentei obter certa diversidade de setor, tamanho da empresa e localização, os exemplos escolhidos incluem a Mekong Capital, uma empresa de investimento no Vietnã; uma confeitaria familiar de quinta geração em Melbourne; uma fornecedora de energia elétrica na Nova Zelândia; a The Fullerton Hotels and Resorts de Singapura; e outra empresa familiar de quinta geração (um restaurante na Flórida).

Meu objetivo é que, ao compreender como essas empresas implementaram o brand storytelling, você não apenas se inspire, mas aprenda maneiras práticas de utilizar suas próprias histórias.

Mesmo que você não implemente o brand storytelling, espero que, assim como eu, aprecie as histórias apresentadas nos próximos capítulos. Também sugiro que observe se há uma conexão com a marca dessas empresas por conta de suas histórias. Garanto: da próxima vez que viajar a Singapura, me hospedarei no Fullerton Hotel e, da próxima vez que for à Flórida, visitarei o Columbia Restaurant. Já sei até o que vou pedir.

CASO DE SUCESSO
Ferguson Plarre Bakehouses, Austrália

A Ferguson Plarre Bakehouses é uma empresa familiar com sede na Austrália. Sua história começou em 1901, nos subúrbios do norte e oeste de Melbourne, quando as duas famílias consolidaram seus negócios. (Cresci em Melbourne e garanto que os doces de ambas as confeitarias sempre foram maravilhosos.)

Apesar das condições difíceis, as famílias mantiveram seus negócios durante as Guerras Mundiais e a Grande Depressão. Após anos de concorrência amigável, elas fundiram as confeitarias e, em 1980, se tornaram a Ferguson Plarre Bakehouses. A quarta geração da Plarre comprou a Ferguson em 2012, mas conservou o famoso nome. A marca da empresa é muito forte, com oitenta lojas em Melbourne. Quando minha sogra pretende servir um bolo de sobremesa, mas fica sem tempo, ela sempre compra na Ferguson.

O CEO é Steve Plarre, da quarta geração. Ele administra a empresa com o irmão Mike, o diretor-geral de produção. Steve mora em Melbourne com a esposa, Kate, e as duas filhas, Elizabeth e Felicity. Ele adora cozinhar e se exercitar, especialmente correr... algo muito bom quando se está rodeado de doces.

Doces e karaokê

Steve chamou minha atenção em maio de 2020, durante o lockdown do coronavírus, quando vi um de seus vídeos "Coronaokê", nos quais ele dança e canta músicas com a letra adaptada. O primeiro que vi foi uma paródia do clássico "I Want to Break Free", do Queen: lá estava o CEO, vestido como Freddie Mercury no clipe, cantando sua versão: "I want to bake free" (Você pode encontrar o vídeo no YouTube e na página do Facebook da Ferguson Plarre.)

Meu primeiro pensamento foi "Você não vê muitos CEOs fazendo isso". Com a curiosidade aguçada, encontrei uma entrevista em que Steve explicou por que decidiu fazer os vídeos. Basicamente, ele disse que o propósito da empresa é "proporcionar felicidade às pessoas por meio de experiências incríveis" e, se não pudesse fazer isso da maneira usual, com um enroladinho de salsicha ou uma fatia de bolo, então talvez conseguisse alcançar esse objetivo com um pouco de entretenimento.

Algumas de suas paródias Coronaokê incluem:

- "Vanilla slice slice baby"[1]
- "We built this city on sausage rolls"
- "Another one bites the crust".

Entrei em contato com Steve e perguntei se poderíamos discutir brand storytelling. Para minha satisfação, ele concordou e marcamos a conversa para alguns dias depois.[2]

Fiquei impressionada com o quanto a Ferguson Plarre compreende o poder do storytelling, que é utilizado de diversas formas como parte de sua comunicação. Antes de conversar com Steve, eu não pensava em apresentar casos de sucesso neste livro, mas ele tinha tantas informações pertinentes para compartilhar que optei por incluí-los.

---

[1] Adaptações das músicas "Ice Ice Baby", do Vanilla Ice; "We Built This City", do Starship; e "Another One Bites the Dust", do Queen, respectivamente. [N. da T.]

[2] Também entrevistei Steve para minha série de podcasts, Authentic Leadership, e você pode encontrá-la em meu site ou por meio do iTunes ou SoundCloud.

Paixão pelo passado

Durante nossa entrevista, Steve me contou que, em 1997, eles produziram um livro com cem páginas repletas de fotos e histórias que comunicavam a trajetória das duas famílias.

A importância do passado para a empresa ficou evidente quando pedi que Steve falasse um pouco dele e do negócio — e ele imediatamente compartilhou a história de seu bisavô Otto, que nasceu na Alemanha e se mudou para Melbourne com o objetivo de abrir uma confeitaria. Embora seja uma história que Steve já contou muitas vezes, a paixão ainda é perceptível.

Otto cresceu em um lar humilde com os pais e avós. O pai era tanoeiro (fabricante de tonéis), então Otto foi o primeiro confeiteiro da Plarre. Naquela época, a sobremesa era um luxo restrito aos finais de semana, isso quando havia comida ou dinheiro. Para Otto, ter uma vida humilde significava que o verdadeiro prazer da sobremesa não era tanto o sabor, mas, sim, o fato de compartilhá-la com a família no final de um dia longo e cansativo.

Steve supõe que, em algum momento, Otto sentiu tanta satisfação em compartilhar uma refeição e uma sobremesa com a família que desejou transmitir esse amor a outras pessoas, definindo sua carreira. É apenas uma suposição, mas Steve cresceu em um lar e dentro de uma empresa onde é evidente que o prazer obtido com a administração dos negócios está estreitamente ligado à felicidade proporcionada aos outros.

Steve reconhece que, fisicamente, ninguém precisa de uma torta ou de um bolo para enfrentar o dia… mas, emocionalmente, um doce delicioso pode trazer certa alegria! Ele usa a história da família Plarre para garantir que todos os funcionários entendam que a experiência é o mais importante… comida de qualidade, servida com amor e paixão.

Steve diz que a história de Otto é "fácil de assimilar, pois é real, autêntica e memorável". E é por isso que ele preza o storytelling como uma forma de comunicação. A história de Otto Plarre e de todos os sócios-fundadores da Ferguson está disponível no site da empresa.

Steve se certifica de que todos os franqueados da Ferguson Plarre saibam que:

para cada dólar que seus clientes gastam, cinquenta centavos são pelo produto — que deve ser o melhor possível —, mas os outros cinquenta centavos são pela forma como você os faz se sentirem. Se os clientes não obtiverem esse retorno, a qualidade do produto não importa!

Steve não quer que ninguém esqueça as origens do negócio da família. E ele também não quer esquecer.

COMPARTILHAR A HISTÓRIA AJUDA A ENSINAR E A PRESERVAR A PAIXÃO.

Definição da marca

Ao analisar como a Ferguson Plarre aplicou o modelo descrito nos capítulos anteriores, é evidente o foco no processo de definição. A empresa sabe exatamente qual é a marca desejada.

Ela usa um *one pager* muito simples chamado "templo da marca". É uma estrutura com nove quadrantes, cada um retratando um ambiente. Todos eles estão abaixo de um grande telhado com a frase "Baking People Happy"[3].

Há consistência real em todos os ambientes. A "sala de propósito" declara que o propósito da empresa é "proporcionar felicidade às pessoas por meio de experiências incríveis". A "sala de causa" diz: "Simplificar a vida com pequenos momentos de alegria."

É por isso que os vídeos Coronaokê estão alinhados com a marca. Eles contemplam o propósito (proporcionar felicidade) e a causa (pequenos momentos de alegria), abarcando muitos dos outros valores, como diversão, otimismo, identificação e coragem. Os vídeos também são congruentes com o valor de "família", pois, em alguns deles, Steve inclui as duas filhas, e a esposa dele, que tem experiência em mídia e conteúdo web, faz a edição.

---

[3] Trocadilho com a frase *making people happy* [fazer as pessoas felizes], referência ao propósito da empresa, usando o verbo *baking* [assar], referência à atividade da confeitaria. [N. da T.]

Além disso, os vídeos são autênticos. Steve toca em uma banda e compõe músicas, mas não está tentando começar uma carreira musical. Apesar da descontração, ele se dedica 100% e faz uns passos de dança sensacionais. Os vídeos passam a impressão de que ele estaria cantando e dançando pela casa de qualquer maneira. Há uma paixão real e genuína, e eu admiro Steve por isso. (Mesmo que ele tenha arruinado algumas músicas do Queen. Ele também destruiu meu amor por "Girls Just Want to Have Fun", da Cindy Lauper, ao alterar a letra para "Girls just want to have buns", mas vou perdoá-lo.)

CONCLUSÃO: VOCÊ PRECISA ESCLARECER QUAL É A SUA MARCA E AGIR ESTRATEGICAMENTE PARA SE ALINHAR COM ELA.

Suas palavras e atitudes devem ser congruentes.

Diferentes maneiras de compartilhar histórias

Após esclarecer sua marca, a Ferguson Plarre utilizou diferentes maneiras de compartilhar histórias. A empresa exibe fotos nas paredes das lojas, incluindo imagens dos proprietários ao longo das gerações, das antigas charretes de entrega e das lojas originais, além de uma cópia dos documentos de aprendizagem de Otto e de uma referência de seu chefe.

A empresa também mandou fazer um mural. Com desenhos e algumas frases, ele conta a história da Ferguson Plarre. É semelhante a um infográfico.

A eficácia desse mural está no fato de que a empresa não recriou toda a linha do tempo apresentada em seu site. Steve explicou: "Decidimos incluir os acontecimentos que consideramos mais populares e estimados. Também escolhemos as histórias que julgamos mais relevantes e identificáveis para nossos visitantes."[4]

Contei as palavras presentes no mural, e há apenas 168. Mas, por meio de desenhos e poucas frases, a comunicação da empresa é completa.

---

[4] Observe que Steve fala "visitantes", e não "clientes".

Uma vinheta é suficiente

A Ferguson Plarre inclui micro-histórias, ou vinhetas, nas xícaras de café, abarcando o conceito de que pequenas histórias compõem sua marca. Algumas pessoas podem chamá-las de "curiosidades", mas acho que a abordagem da empresa vai além disso. Decidi nomeá-las de micro-histórias.

Em 2016, a Ferguson Plarre comemorou 115 anos e decidiu incluir várias micro-histórias em seus copos descartáveis, tais como:

- 1901 — Há quanto tempo funcionamos? Pense no seguinte: nossos primeiros caminhões de entrega eram movidos a feno!

- 1925 — Ray Plarre foi castigado por desenhar bolos na aula de matemática. Pimenta nos olhos de Ray foi nosso refresco!

- 1929 — A Grande Depressão bateu forte, parecia uma sova, mas ainda estamos aqui!

- 1935 — Um ano triste. Nossa confeitaria em Brunswick foi destruída por um incêndio. Milhares de tortas morreram!

- 1963 — A Rainha nos visitou. Quem fez doces para ela? Isso mesmo. Nossas guloseimas são perfeitas para uma rainha!

- 1966 — O presidente dos Estados Unidos pediu que Ray Plarre fizesse bolos para ele. As relações entre EUA e Austrália ficaram muito mais doces!

Ri alto quando li sobre a morte das tortas.

A empresa também explora o storytelling de outras maneiras, apresentando vídeos dos franqueados no site. Nesses vídeos, os franqueados compartilham histórias pessoais, explicando por que se juntaram à Ferguson Plarre.

O que significa "axioma"?

Steve costuma compartilhar histórias nos eventos de premiação da empresa. Ele afirmou: "As histórias são para todos. Basicamente, eu tento encaixar histórias de família à nossa mensagem 'Baking People Happy'." Steve acrescentou que, para ele, "trata-se sempre de usar histórias autênticas para resgatar a marca, pois as histórias reais são mais fáceis de lembrar e se tornam axiomas, ou seja, verdades inquestionáveis". Adoro seu insight sobre "axiomas". Admito: tive que pesquisar o significado. De acordo com o dicionário Michaelis, um axioma é uma "proposição imediatamente evidente, que prescinde de comprovação por ser admitida como portadora de verdade universal". Isso me lembrou do que Michael Henderson, meu antropólogo corporativo favorito, disse: as histórias podem transcender a verdade.

Essas histórias também são compartilhadas no processo de integração da empresa. Cada funcionário e franqueado passam trinta minutos com Steve para conhecer a história da família. Ele conta a história de Otto e explica que, na verdade, a Ferguson Plarre não começou com a abertura da confeitaria na década de 1900, mas, sim, com a gratidão que Otto sentia ao compartilhar refeições com a família na Alemanha.

Uma história com qualquer outro nome...

Um último aspecto que vale a pena mencionar sobre a Ferguson Plarre Bakehouses é a escolha das denominações no site. Se você acessá-lo, perceberá que, diferentemente de muitas empresas, a seção "Sobre Nós" não foi alterada para "Nossa História".

A empresa manteve a seção "Sobre nós", que fornece uma breve descrição, e acrescentou uma seção "Nossa História". Embora seja exibida como uma linha do tempo, o conteúdo é escrito de forma cativante, incluindo pequenas histórias e eventos significativos. É um ótimo modelo a ser seguido.

O site também apresenta histórias dos produtos mais populares e icônicos, incluindo a torta de carne, os lamingtons e os Tiddly Oggies (dos quais eu nunca tinha ouvido falar). É como a empresa chama seus pastéis da Cornualha, pois "tiddly oggie" significa "pastel perfeito" em córnico.

A Ferguson Plarre também compartilha a história de seu Not Cross Bun, um pão doce que, em vez de uma cruz no topo, exibe uma carinha feliz. O Not Cross Bun foi criado em 2014 para destacar o fato de que, enquanto as principais varejistas vendiam pães doces no Boxing Day (feriado celebrado um dia após o Natal), a Ferguson Plarre Bakehouses disponibilizaria o produto apenas nas seis semanas anteriores à Páscoa, com o objetivo de tornar o dia ainda mais especial.

A empresa denomina as seções em seu site de acordo com o que elas são: a linha do tempo não se chama "história"; a seção "Sobre Nós" não se chama "história"; a explicação de seus lamingtons não se chama "história". A palavra não é destacada no site, mas a Ferguson Plarre compartilha várias histórias.

IMPLEMENTAR O STORYTELLING PARA COMUNICAR SUA MARCA NÃO SE TRATA DE USAR A PALAVRA "HISTÓRIA", MAS, SIM, DE COMPARTILHAR HISTÓRIAS REAIS.

Confira e reflita

- Existem histórias de criação que todos os novos funcionários devem conhecer?
- Quem deveria compartilhar essas histórias?
- O CEO da sua empresa poderia dedicar tempo individual a cada funcionário?
- Se não for possível, de que outra forma você poderia praticar isso?
- Você poderia fazer algo alinhado à sua marca, mas que não aborda a venda de produtos? (O karaokê não é para todos, mas qual seria uma opção?)
- Você poderia usar micro-histórias de forma divertida, como a Ferguson Plarre fez com as xícaras de café?
- De que outra forma você poderia compartilhar e originar histórias?

CASO DE SUCESSO
Columbia Restaurant, Flórida, EUA

O Columbia é o restaurante mais antigo da Flórida e o maior restaurante espanhol do mundo. Ele foi fundado em 1905 pelo imigrante cubano Casimiro Hernandez Sr.

Minha amiga Denise Collazo, que jantou no restaurante da Flórida, foi quem me avisou sobre o uso de histórias no cardápio do Columbia. (Histórias no cardápio? Fiquei muito interessada!) Então, considerando que visitar o restaurante da Flórida exigiria um voo de mais de 24 horas, acabei optando por acessar o site.

De fato, as histórias estão no cardápio e nas várias seções do site. A seguir, apresentarei alguns exemplos das histórias no cardápio. Observe que, para estabelecer uma conexão, não é preciso contar histórias longas. (Já peço desculpas caso você sinta fome).

Spanish Bean Soup

A sopa que deu fama ao Columbia. A receita original de Casimiro Hernandez Sr. é: grão-de-bico cozido com presunto defumado, chouriço e batatas em um delicioso caldo de frango e presunto.

Picadillo "Criollo"

Em casa, Adela Hernandez Gonzmart, mãe e avó, sempre preparava sua deliciosa receita de picadillo. É o prato preferido da família há gerações. Carne moída magra, refogada com cebola, pimentão-verde, azeitonas, passas e alcaparras. Servida com arroz branco e plátanos maduros.

Crab Enchilado

Na infância, era o prato favorito da família aos domingos. Molho levemente picante de carne de caranguejo, tomate, cebola, pimentão-verde, alho, orégano e vinho branco. Servido com espaguete.

Minhas histórias preferidas, no entanto, são as dos vinhos sugeridos no cardápio. (Novamente, já peço desculpas caso você sinta vontade de beber.)[1]

AG Rosado 100% Tempranillo Rosé

Selecionado por Richard Gonzmart como uma surpresa para sua filha. Vinho de Rioja, Espanha.

Rusty Red

O Rusty foi criado por Richard Gonzmart em homenagem ao amor incondicional entre um homem e seu cão. Vinho tinto 100% Tempranillo de Rioja, Espanha.

Enzi Chardonnay

Criado em memória da querida pastor-alemão Enzi, que perdeu a batalha contra o câncer. Era a cachorra de Andrea Gonzmart, familiar da quinta geração. Vinho de Napa Valley, CA.

Aproveitando o assunto, o Columbia tem uma carta de vinhos de 224 páginas, que mais parece um livro. O restaurante compartilha uma breve história de cada vinícola e enólogo.

---

[1] Escrevi essa parte às 9h e, mesmo assim, senti.

Sua história é uma série da Netflix?

A história no site do Columbia é tão cativante que poderia facilmente ser o roteiro de uma série. Confira os parágrafos iniciais:

> O Columbia começou em Ybor City, Tampa. Era uma pequena cafeteria de esquina com sessenta lugares, conhecida pelo café e pelos sanduíches cubanos e frequentada pelos operários das fábricas de charutos.
>
> À medida que a Lei Seca ganhava força, Casimiro Sr. enfrentava um difícil dilema: perder o Columbia ou redefini-lo. Ele não precisou ir muito longe. Em 1919, Manuel Garcia, dono do La Fonda, o restaurante ao lado, concordou em se juntar a ele e manter o nome. O tamanho do Columbia dobrou da noite para o dia. Além disso, no mesmo ano, Casimiro Hernandez Jr., seu filho, ingressou no negócio. Após a morte do pai, em 1929, ele adquiriu a propriedade e assumiu o restaurante.
>
> Casimiro Jr. queria levar o Columbia para além de suas origens humildes e imaginava um elegante salão de jantar com música e dança, algo até então inédito naquela parte do país. Em 1935, durante o auge da Grande Depressão, ele se arriscou construindo o primeiro salão de jantar com ar-condicionado da cidade, que incluía uma pista de dança. Ele o chamou de Salão Dom Quixote.
>
> Casimiro Jr. e a esposa, Carmen, tiveram uma filha, Adela Hernandez Gonzmart. Adela era uma pianista que estudou na Juilliard. Em 1946, ela se casou com Cesar Gonzmart, um violinista. No início dos anos 1950, eles viajavam pelos Estados Unidos enquanto Cesar se apresentava em famosos supper clubs. Em 1953, o pai de Adela enfrentou problemas de saúde, então o casal retornou a Tampa, dividindo-se entre as tarefas do restaurante e a criação dos dois filhos, Casey e Richard.
>
> A família se esforçou para manter o restaurante aberto durante o final dos anos 1950 e durante toda a década de 1960, quando Ybor City começou a decair. Muitas das casas que outrora abrigavam os operários das fábricas de charutos se transformaram em cortiços. A renovação urbana destruiu a essência do bairro latino. Várias famílias se mudaram. Negócios fecharam. Cesar Gonzmart percebeu que era preciso fazer algo para trazer as pessoas de volta a Ybor City...

As histórias podem criar verdadeiro suspense e curiosidade sobre a sua empresa — finais com gancho fazem as pessoas quererem saber mais.[2]

Coletar: um compromisso de longo prazo

Entrei em contato com Jeff Houck, gerente de Marketing e Relações Públicas, que trabalha com a empresa desde 2015.

Eu queria perguntar quando o Columbia Restaurant decidiu usar tantas histórias. Meu palpite não era há alguns anos, mas talvez há cerca de uma década, quando o storytelling começou a ganhar força no mundo dos negócios. A resposta dele me surpreendeu.

A decisão foi tomada em 1946. A empresa contratou Paul Wilder, um jornalista que escrevia uma coluna cinco vezes por semana, compartilhando receitas e pratos do dia, além de histórias, curiosidades, entrevistas e comentários que se tornaram populares. Na verdade, eram anúncios pagos, mas, como Jeff disse: "Paul contava histórias dos personagens do restaurante. Nunca pareceu um anúncio."

A seguir, apresento uma história contada na coluna de Paul em 1951:

> Um estranho alto e corado sentou-se sozinho no salão Dom Quixote e pediu o jantar. Ele explicou à garçonete: "Estou aqui por causa de um homem morto. Faz onze anos que sou membro da polícia montada do Canadá. Há oito anos, eu estava em serviço no Território de Yukon e encontrei um homem afogado. Olhei seus documentos para identificá-lo e havia um cartão do Columbia Restaurant em Tampa, Flórida, com a foto de uma estátua e uma fonte. Por alguma razão estranha, guardei o cartão... Pensei que um dia visitaria o restaurante." Ao sair, o estranho disse que, agora, a foto do Columbia estava completa e que ele voltaria em três anos.

Jeff afirmou que os proprietários de segunda e terceira geração "realmente entendiam o storytelling" e que, atualmente, as cinco marcas do restaurante

---

[2] Você pode ler a continuação da história no site do Columbia Restaurant.

usam histórias. "Quase tudo no cardápio traz uma narrativa com a qual os clientes se conectam", declarou.

Destacar clientes

Em suas histórias, a empresa também destaca clientes. De fato, Jeff informou: "Nosso melhor trabalho é compartilhar histórias das pessoas que visitam o Columbia."

Por exemplo, no Dia dos Namorados em 2020, a empresa compartilhou a história de um casal que, há 71 anos, comemora o aniversário de casamento no restaurante:

> Se tivéssemos que conceder o título de Pombinhos do Columbia, Mits e Fannie Zamore, de Tampa, estariam no topo da lista.
>
> Todo mês de janeiro, eles celebram seu aniversário de casamento no Columbia em Ybor, da mesma forma que fazem há 71 anos: sentados à mesa 370.
>
> Mits e Fannie mantêm sua tradição anual de brindar ao amor com um coquetel de morango Pink Squirrel. Da primeira vez, o casal sentou-se na mesa 370 e, no ano seguinte, acabou no mesmo lugar. A coincidência originou a tradição, que já tem sete décadas.
>
> O Columbia parabeniza os Zamore pela maravilhosa vida juntos e deseja a todos os casais um Dia dos Namorados repleto de amor.

Jeff me disse que "a prioridade não é compartilhar histórias dos pratos, mas, sim, dos clientes. No processo, evidenciamos sua preferência pelo Columbia, e isso é uma honra".

As histórias não se restringem à origem, aos pratos, aos vinhos e à fidelidade dos clientes. O Columbia encontra oportunidades de compartilhar histórias que abordam uma variedade de assuntos.

Histórias herdadas

No site, a empresa compartilha histórias das várias obras de arte e vitrais que adornam o restaurante.

Em seu canal do YouTube, há um vídeo sobre o lustre icônico que foi comprado em 1936 por £550 e agora vale US$250 mil, além de um vídeo sobre como as luminárias de 1880 foram cuidadosamente limpas em 2018.

O canal do YouTube também apresenta outras histórias, como a dos pães comprados na mesma padaria centenária desde o início e a da mesa favorita de Richard Gonzmart, presidente da empresa, na qual ele conheceu a esposa. (Ele se senta nessa mesa apenas com ela.)

O Columbia busca oportunidades para compartilhar histórias. Em 4 de julho de 2019, a empresa postou em sua página do Facebook:

> Neste dia, recordamos as origens patrióticas do nosso nome.
>
> Em 1903, para expressar sua gratidão pela terra da oportunidade, o fundador, Casimiro Hernandez Sr., escolheu o nome de sua nova cafeteria em Ybor City — Columbia Saloon.
>
> O nome foi inspirado em "Columbia, Gem of the Ocean", uma popular canção patriótica que, na época, concorria como hino nacional com "Hail, Columbia" e "The Star-Spangled Banner".
>
> O nome Columbia, na verdade, era um apelido dos Estados Unidos no século XIX.

Engajar funcionários

O compromisso dos proprietários de segunda e terceira geração com o storytelling permanece até hoje. Jeff explicou que cada funcionário do Columbia (cerca de mil) aprende sobre as histórias como parte da integração. Todas as semanas, há reuniões de equipe onde uma nova história é compartilhada.

Para seu centésimo aniversário, a empresa produziu um livro chamado *The Columbia Book*. Jeff admitiu que o leu cerca de quatro vezes nos primeiros meses após sua contratação. As histórias são a base da educação continuada de todos os funcionários. Jeff disse que a motivação da equipe é "não querer ser o garçom que sabe menos do que o cliente".

A capacidade de explicar a história por trás do lustre, da estátua na fonte ou de uma receita específica melhora a experiência do cliente. Nas palavras de Jeff:

> *A experiência do cliente vai muito além do prato e da mesa. Sim, as pessoas pagam pela comida; porém o mais importante é que elas concedem seu tempo. Sabemos que as histórias garantem uma experiência emocional imersiva.*

Jeff testemunha esse resultado com frequência: os clientes repetem as histórias para os amigos que visitam o restaurante pela primeira vez. Eles levam os amigos de fora da cidade e "contam as histórias com orgulho". Jeff reconhece que "se os clientes gostarem das histórias, eles as compartilharão e se tornarão apoiadores e embaixadores da marca". Esse comentário é a essência da fidelidade à marca.

O Columbia comprova que as histórias conectam clientes e engajam funcionários. Em um setor conhecido pela alta rotatividade, a empresa tem mais de mil funcionários, e 28% deles trabalham no restaurante há mais de dez anos.

O interessante é que, no site, a empresa apresenta todas essas informações em uma aba chamada "The Columbian Experience", um nome bastante apropriado. Ao ler as histórias, vivenciei a experiência do Columbia sem nunca ter conhecido o restaurante.

Jeff finalizou nossa conversa dizendo que o legado de Paul Wilder foi preservado: ao manter registros e compilar novas informações, a empresa reconhece a importância do "storytelling futuro".

Ao reabrir os restaurantes em junho de 2020, após o lockdown do coronavírus, o Columbia utilizou banners que diziam: "Voltamos — faça história conosco."

REGISTRAR E COMPARTILHAR HISTÓRIAS PASSADAS E ATUAIS AJUDARÃO A COMUNICAR SUA MARCA NO FUTURO.

Confira e reflita

- Como você poderia compartilhar histórias de relíquias ou artefatos valiosos, como o lustre, a fonte ou as receitas do Columbia Restaurant?

- Como você poderia compartilhar histórias por trás de rituais, como Richard sentando-se em uma mesa específica com a esposa?

- Seus funcionários conhecem histórias que podem melhorar a experiência do cliente?

- Você compartilha histórias de cliente?

- Você incentiva os clientes a compartilharem histórias e interage com eles nas mídias sociais quando o fazem?

- Você pode reescrever a linha do tempo da sua empresa de modo que pareça uma série da Netflix?

CASO DE SUCESSO
The Fullerton Hotels and Resorts, Singapura (e Sydney)

No início de 2020, tive o prazer de me hospedar no recém-inaugurado Fullerton Hotel em Sydney. (Mal sabia eu que seria a minha última vez em um hotel até a pandemia de Covid-19 estar controlada. Se eu soubesse, teria aproveitado ao máximo o serviço de quarto e o minibar.)

No entanto, foi nessa viagem que me deparei com um livro enquanto me dirigia ao meu quarto. Era intitulado *Fullerton Stories — Rediscovering Singapore's Heritage*. Intrigada, dei uma olhada nele e tirei uma foto da capa para pesquisar mais a fundo.

Então, cerca de uma semana depois, meu típico mundo profissional de viagens, serviço de quarto e Pringles do minibar sofreu uma paralisação repentina. Eu só pesquisei melhor o Fullerton quando comecei a escrever este livro e me lembrei das histórias que li em Sydney.

Os hotéis exclusivos do The Fullerton Hotels and Resorts ficam em Singapura e Sydney, e dois dos edifícios icônicos são antigas centrais dos correios, cuidadosamente restauradas para se transformarem em hotéis cinco estrelas.

Cavaliere Giovanni Viterale, gerente-geral do The Fullerton Hotels and Resorts em Singapura, me disse: "Temos muita sorte de poder cuidar desses monumentos históricos, que contêm inúmeras histórias e memórias de pessoas que viveram, trabalharam e se divertiram neles."

Em 2015, o Fullerton Hotel em Singapura foi legitimado como um monumento nacional, representando a mais elevada forma de preservação e reconhecimento.

O edifício de Singapura não abrigava apenas os correios, mas também muitos outros departamentos governamentais, incluindo o Departamento Fiscal, o Departamento de Comércio Exterior, o Ministério das Finanças e o escritório do ministro da Saúde. Giovanni explicou que "nesse edifício, as decisões eram tomadas por pioneiros que transformaram Singapura em um país desenvolvido".

Embora o *Fullerton Stories* tenha sido uma grande iniciativa, a empresa não queria se limitar a "imagens em um livro", mas, sim, "vivificar suas histórias".

O resultado foi uma série de vídeos que apresentam antigos trabalhadores dos edifícios históricos. Tal como o livro, os vídeos se chamam "Fullerton Stories, rediscovering Singapore's heritage" e "Rediscovering Sydney's heritage".

Grandes personalidades

Para encontrar essas histórias, a empresa solicitou os registros aos respectivos departamentos governamentais e fez postagens nas redes sociais pedindo que os antigos trabalhadores entrassem em contato. Inúmeras pessoas manifestaram interesse em participar da campanha e compartilhar memórias. Todas se mostraram "abertas e entusiasmadas, o que rendeu mais histórias do que o esperado".

Giovanni e a equipe do Fullerton chamam as pessoas escolhidas de "personalidades", uma excelente descrição.

Por exemplo, a série de Singapura inclui personalidades como M Bala Subramanion, que trabalhou nos correios de 1946 até a aposentadoria, em

1971. No vídeo, ele mostra uma foto do momento em que recebeu uma medalha de Yusof Ishak, o primeiro presidente de Singapura, e afirma: "Nunca me senti tão orgulhoso."

A série também inclui a história de um casal que está junto há 53 anos. Na década de 1960, eles se conheceram nos correios, quando ambos trabalhavam lá. Robert Lim conta que ficou a fim dessa garota, então "tentou ser gentil com ela". Tan Lat Neo, agora sua esposa, lembrou que inicialmente ficava irritada, pois as investidas do rapaz a distraíam. Mas ela acabou percebendo suas "boas intenções".

A série de Sydney apresenta personalidades como Gloria Velleley e Gloria Cochrane, que trabalharam como telefonistas no edifício histórico. No vídeo, ambas contam que, quando as pessoas telefonavam da Antártida para conversar com a família, elas sentiam pena e deixavam a ligação durar mais tempo, sem cobranças adicionais. As ex-telefonistas lembram que, a cada turno, eram escaladas para informar as horas: por um total de trinta minutos, a cada dez segundos. A cada. Dez. Segundos. Gloria Velleley disse que, certa vez, precisou cumprir essa função por 45 minutos e "quase enlouqueceu".

Há também a história de quando uma delas interrompeu a ligação entre um homem e uma mulher. A mulher estava tentando dizer "Eu te amo", mas havia interferência na linha, e o homem não conseguia entender. Após a terceira tentativa frustrada, Gloria interrompeu e disse: "Eu te amo." O homem respondeu: "Obrigado, telefonista. Eu também te amo."

Outra história é de Leslie Edwards, que começou a trabalhar no edifício como telegrafista em 1954, transmitindo mensagens em código Morse. No vídeo, ele se mostra orgulhoso ao segurar uma fotografia tirada em 13 de dezembro de 1962, quando a última mensagem em código Morse foi enviada. Harry Winchester, um de seus colegas, estava se aposentando naquele dia, então recebeu a honra de enviá-la. Leslie guardou a foto de Harry transmitindo a mensagem com todos os colegas ao lado, incluindo o próprio Leslie, que, na época, tinha 24 anos.

Em um dos vídeos, a empresa entrevistou o arquiteto responsável pela reforma em Singapura. "Devemos respeitar o que herdamos", afirma ele. A meu ver, a missão foi cumprida, não apenas com os edifícios, mas com as pessoas que trabalharam neles — um reconhecimento da herança e do valor das histórias.

Na inauguração oficial do Fullerton Hotel Sydney, esses vídeos foram exibidos e as personalidades eram convidadas especiais.

Os vídeos podem ser encontrados no site da empresa, em seu canal do YouTube e em outras mídias sociais. Eles fazem parte de um recurso interativo que também destaca fotografias e histórias na Heritage Gallery, localizada no saguão do Fullerton Hotel Singapore.

Os vídeos também são disponibilizados na TV de todos os quartos. Em certa ocasião, o hotel recebeu algumas das personalidades para o chá da tarde, e uma turista inglesa as reconheceu. Entusiasmada, ela parou e disse: "Acabei de ver vocês na minha TV!"

Como parte do esforço para manter sua herança viva, o Fullerton também oferece passeios históricos pelo hotel, o que atrai muitos moradores locais e hóspedes internacionais.

Engajar e aprimorar

Internamente, a empresa usa as histórias de outras maneiras. Elas fazem parte do seu programa de integração. Além de assistirem aos vídeos, os novos funcionários, tanto de Singapura quanto de Sydney, participam dos passeios históricos, adquirindo conhecimento a partir da herança e das histórias.

Essas histórias são usadas para aprimorar a experiência do cliente. Por exemplo, todo garçom consegue explicar a um hóspede a história por trás do arroz de frango e por que ele é um prato importante para uma região específica. Isso corrobora a opinião de Kim Seagram, da Tasmânia, sobre a importância das histórias para intensificar a experiência gastronômica.

A empresa também aprimora a experiência do cliente ao oferecer aos hóspedes um cartão postal que eles podem colocar na autêntica caixa de correio vermelha, disponibilizada nos hotéis de Singapura e Sydney.

No site da empresa, a aba apropriadamente nomeada "Nossa Herança" afirma: "Bem-vindo à Herança do Fullerton, onde a história encontra o futuro." Esse é outro grande exemplo de como uma linha do tempo pode ser cativante ao exibir datas, fatos e histórias. A seguir, apresento um trecho, mas você pode conferi-la por completo no site.

Século XI — Singapura, a Cidade do Leão

De acordo com a história da Malásia, Singapura foi fundada no século XI por um poderoso governante srivijaya, Sang Nila Utama, ou Sri Tri Buana, príncipe de Palembang. Navegando pela ilha de Temasek, o príncipe avistou um grande leão na foz do rio. Para os srivijaya, o leão era o símbolo da realeza e um poderoso presságio. Sri Tri Buana levou sua corte real para a ilha e chamou a nova capital, Singapura, de "Cidade do Leão".

No final do século XIV, os javaneses enviaram sua poderosa frota para conquistar a ilha. Os palácios do império srivijaya foram destruídos e os habitantes se dispersaram.

Com o tempo, a cidade foi engolida pela selva, restando apenas as imponentes muralhas, os túmulos reais e o enorme monumento de pedra na entrada da cidade.

1819 — A Chegada de Raffles

Em 6 de fevereiro de 1819, Sir Stamford Raffles chegou à Ilha de St. John e navegou pelo rio Singapura. Ao passar pelo alto promontório rochoso na entrada da cidade, ele se perguntou se ali realmente havia um leão mítico, guardando a antiga cidade real.

Na extremidade do promontório, estava um grande monumento de pedra, inscrito com palavras antigas. Raffles teve certeza de que encontrara a cidade perdida de Singapura. Ele hasteou a bandeira britânica e devolveu à ilha seu nome original.

Então, a linha do tempo descreve eventos significativos, como a independência de Singapura, em 1965, e a construção da fortaleza Fort Fullerton, em 1820, nomeada em homenagem ao primeiro governador, Sir Robert Fullerton. A fortaleza foi demolida e acabou se transformando na agência central dos correios. O edifício foi reinaugurado em 1928, passando por uma restauração em 2001 para se tornar o Fullerton Hotel.

Em 2015, o Fullerton Hotel em Singapura foi oficialmente reconhecido como um monumento nacional pelo National Heritage Board, garantindo a preservação do edifício.

Adoro o fato de que, nos créditos finais dos vídeos, a empresa alega que os hotéis são "guardiões da herança".

A HERANÇA É PRESERVADA E PROTEGIDA PELAS HISTÓRIAS.

Confira e reflita

- Há histórias de pessoas que trabalharam onde hoje funciona a sua empresa? Vale a pena compartilhá-las?
- Você poderia compartilhar essas histórias em algum espaço da empresa?
- Seus funcionários conhecem histórias que poderiam melhorar a experiência do cliente?
- Você poderia compartilhar histórias de cliente?
- Você poderia compartilhar antigas histórias de personalidades que trabalharam na sua empresa?

CASO DE SUCESSO
Mekong Capital, Vietnã

A Mekong Capital está sediada no Vietnã, com escritórios em Ho Chi Minh e Hanói. É uma empresa de capital privado, e as organizações nas quais ela investe estão entre as maiores líderes de mercado do país.

A empresa foi fundada em 2001 por Chris Freund, que cresceu em Chicago e é um grande fã da música dos anos 1980. Em seus vinte e poucos anos, ele estudou budismo na Índia e viveu como um monge na Tailândia. Depois disso, viajou pela região, ficando um mês no Vietnã.

Com base em filmes como *Apocalypse Now*, Chris esperava um ambiente hostil e devastado pela guerra; porém teve uma agradável surpresa ao perceber a cordialidade das pessoas. Em 1994, ele decidiu morar por três anos no país, mas nunca foi embora. Agora, ele chama o Vietnã de lar, onde vive com a esposa e as duas filhas.

No final de 2007, a Mekong Capital iniciou uma profunda transformação de sua cultura corporativa. Dois anos depois, o impacto positivo dessa transformação ficou evidente e, em 2010, a empresa se tornou objeto de estudos de caso na Harvard Business School e na London Business School. Você sabe que está no caminho certo quando essas universidades querem mostrar seu trabalho em estudos de caso![1]

O que você valoriza?

Como parte da transformação, a empresa definiu valores centrais que orientam as decisões diárias de todos os funcionários. Em toda a minha carreira, nunca vi valores tão originais. Dos oito, sete são palavras inventadas. Confira-os a seguir:

1. *Resulderança:* a combinação de "resultados" e "liderança", o que significa assumir e exigir a responsabilidade de se esforçar e alcançar resultados, mas sempre de forma consistente com os outros valores centrais.

2. *Progressiativa:* a combinação de "progresso" e "iniciativa", o que significa inspirar a si mesmo e os outros para sair da zona de conforto, superar expectativas e escolher situações empoderadoras, que levam a ações inéditas e resultados inovadores.

3. *Conquistança:* a combinação de "conquista" e "perseverança", o que significa ser destemido e persistente até que o objetivo seja alcançado, independentemente dos obstáculos que surgirem pelo caminho.

4. *Integreleza:* a combinação de "integridade" e "beleza", o que significa honrar sua palavra para que tudo dê certo. Também significa colaborar como uma força unificada e poderosa.

5. *Comunipletude:* a combinação de "comunicação" e "completude", o que significa se comunicar de forma objetiva para evitar mal-entendidos ou lacunas.

---

[1] Para ler o estudo de caso da Harvard Business School, pesquise "Mekong Capital: Building A Culture of Leadership in Vietnam". Para ler o da London Business School, pesquise "Mekong Capital: The Importance of Corporate Culture in Emerging Market Private Equity". Este último foi incluído no livro **International Private Equity**, de Eli Talmor e Florin Vasvari.

6. *Questiosidade:* a combinação de "questionamento" e "curiosidade", o que significa buscar incansavelmente a causa e os fatores-chave de acontecimentos ou tendências, superando os limites para originar insights revolucionários.

7. *Jeromesidade:* a combinação do nome "Jerome", mentor de Chris, com "generosidade", o que significa enxergar o melhor nas pessoas e capacitá-las.

8. *Gênesis:* esta não é uma palavra inventada. Significa estar na origem das atitudes, do impacto provocado e da manifestação do mundo ao seu redor. Para a Mekong Capital, significa ser a causa, e não o efeito.

Chris me contou que a criação de novas palavras foi deliberada, pois a empresa queria desenvolver uma linguagem compartilhada para que cada membro da equipe compreendesse os valores centrais sem suposições preexistentes. Como a Mekong Capital sabe que as palavras inventadas podem confundir pessoas de fora, elas são usadas apenas internamente, a menos que sejam devidamente explicadas.

As palavras inventadas incentivam os visitantes da sede a perguntar seu significado, garantindo uma oportunidade de divulgar esses valores. Para Chris, foi um resultado inesperado, mas que agradou bastante a equipe. Pense na última vez que você entrou em um escritório corporativo e viu os valores-padrão de integridade, respeito e inovação — aposto que nenhum deles aguçou sua curiosidade.

Um modelo a ser seguido

A empresa também desenvolveu um modelo chamado "Investimento Orientado pela Visão", que evoluiu ao longo dos anos e consiste em quatorze princípios denominados "elementos". É um modelo utilizado para apoiar e expandir as organizações nas quais a Mekong Capital investe.

Chris disse que o modelo de Investimento Orientado pela Visão é um requisito para as organizações. Quando a Mekong Capital investe em uma empresa, há um trabalho conjunto de implementação dos quatorze elementos, uma vez que eles compõem o modelo testado e comprovado não apenas pela própria Mekong Capital, mas também pelas organizações que o adotaram.

Alguns dos quatorze elementos são:

- criar uma visão clara para o futuro;
- montar uma excelente equipe de gestão e cultura corporativa para alcançar a visão;
- usar a análise de dados para tomar decisões fundamentadas e otimizar o desempenho.

Após ler meu livro *Stories for Work*, Chris me contatou com o objetivo audacioso de encontrar e documentar cem histórias em um período de doze meses. As histórias deveriam comunicar e demonstrar os oito valores centrais e os quatorze elementos orientadores. Chris sabia da utilidade imediata dessas histórias, mas a finalidade era publicar um livro que ajudaria qualquer empresa a ter sucesso.

Eu adoro desafios e uma boa visão, então fiquei entusiasmada com o convite de Chris. Seguimos o modelo de implementação do brand storytelling, descrito na Parte III: definir, ensinar, coletar, comunicar e criar.

Chris e a equipe tinham um propósito muito claro. Eles compreendiam a cultura e os valores centrais pelos quais queriam ser conhecidos, além de identificarem os quatorze elementos adotados e compartilhados com as empresas nas quais a Mekong Capital investe.

Ao iniciar o processo de coleta, eles reiteraram que as histórias deveriam abordar os oito valores centrais e os quatorze elementos.

Chris sabia que era essencial compartilhar histórias de forma mais eficaz, por isso me contatou. Em março de 2018, viajei para Ho Chi Minh a fim de passar três dias com Chris e a equipe de cerca de quinze pessoas.

A maioria dos meus clientes concede meio dia para ensinar o storytelling a funcionários relevantes. Alguns reservam um dia inteiro para iniciar o processo de encontrar histórias. Fiquei impressionada ao descobrir que a Mekong Capital disponibilizaria três dias. Conseguimos analisar todos os aspectos mencionados na seção "Ensinar", da Parte III.

Ainda me lembro da sala de reuniões. Em uma parede, havia um enorme quadro branco, no qual listamos os oito valores centrais e os quatorze elementos. As histórias entravam na lista à medida que eram compartilhadas entre a equipe. Constatamos que foi mais fácil encontrar histórias para alguns dos valores ou elementos do que para outros. No final dos três dias, fizemos um progresso notável, com a identificação de mais de sessenta histórias compartilháveis — um resultado satisfatório para a meta de cem histórias em um período de doze meses.

No treinamento, cada participante contou uma história sobre um dos quatorze elementos, um método que possibilitou a prática e o feedback, além de iniciar o processo de coleta. Ao constatar o poder do storytelling e aprender como utilizá-lo de forma mais eficaz, a equipe se tornou apta a reconhecer onde e quando compartilhar essas histórias. Lembro que, após ouvir certa história, um membro da equipe disse: "Essa história é perfeita para um cliente atual que não consegue entender o valor de criar uma visão." Em seguida, pedi para que esse membro da equipe recontasse a história, uma outra maneira de praticar e obter feedback.

Esse método foi vantajoso para todos os participantes, mas a empresa queria compartilhar as histórias de forma mais ampla e garantir que não fossem esquecidas. Lembre-se, a finalidade era incluir as histórias em um livro, então elas foram transcritas.

Sistematizar o sucesso

Para exemplificar o quão rápido uma empresa pode agir, durante a noite, um dos membros da equipe criou o Confluence, um banco de dados para que as histórias fossem armazenadas no sistema interno da empresa. O sistema permitia que os funcionários adicionassem sua história ao valor ou elemento, facilitando, assim, que as lacunas fossem identificadas.

A outra grande característica desse banco de dados era que algumas pessoas tinham acesso para editar as histórias. Além disso, os funcionários podiam fornecer feedback e votar em suas preferidas, o que propiciava ótimos insights sobre as histórias mais impactantes.

A EQUIPE ESTAVA BASTANTE COMPROMETIDA E CONCORDOU EM INCLUIR A DESCOBERTA E A DOCUMENTAÇÃO DE HISTÓRIAS EM SEUS PRINCIPAIS INDICADORES DE DESEMPENHO MENSAIS E TRIMESTRAIS.

Esses indicadores de desempenho ainda existem, então o número de histórias continua crescendo.

A equipe também implementou um processo para manter o ritmo. Uma vez por mês, há uma sessão de compartilhamento, e qualquer funcionário pode comparecer para praticar o storytelling com os colegas. As histórias sobre os valores centrais incluem experiências pessoais ou explicam como um colega pratica esses valores; as histórias sobre os quatorze elementos abordam atitudes internas da própria pessoa ou de um colega.

Dois anos após o início de toda essa jornada (no momento de escrita deste livro), a empresa já havia documentado mais de quatrocentas histórias em seu sistema interno.

Priorizar o público e as histórias

Quanto à comunicação das histórias, a Mekong Capital identificou quatro públicos-alvo distintos. Por ordem de prioridade:

1. funcionários;
2. empresas que recebem investimento;
3. potenciais investidores;
4. público em geral.

CHRIS DISSE QUE A PRIORIDADE É COMPARTILHAR HISTÓRIAS COM OS FUNCIONÁRIOS PARA ENGAJÁ-LOS NOS VALORES E NA CULTURA E AUMENTAR O CONHECIMENTO INSTITUCIONAL DO QUE É MAIS ADEQUADO À TRAJETÓRIA DA EMPRESA.

Internamente, a Mekong Capital compartilha histórias com os funcionários em diferentes situações, como reuniões de equipe, sessões de treinamento individual e programa de integração. Todas as histórias são documentadas em seu sistema interno, e os funcionários são incentivados a lê-las.

O objetivo do compartilhamento é garantir que os valores da empresa sejam totalmente compreendidos e que as pessoas se conectem e se engajem com eles. Afinal, é muito difícil comunicar histórias por meio de bullet points.

Ao "lançar" novos valores, a maioria das empresas costuma listá-los e, em seguida, explicá-los por meio de bullet points, um método que não é cativante nem eficaz. Há uma razão para este livro não se chamar "Bullet Points Magnéticos". Se eu quisesse escrever um livro sobre a eficácia dos bullet points, o título seria "Bullet Points Superestimados", uma descrição muito mais adequada.

Colocar em prática!

Desde que comecei a trabalhar com a Mekong Capital, ficou evidente que a equipe vivia e respirava os valores. Não eram apenas valores aceitos, mas praticados. Compartilharei duas situações que demonstram esse aspecto.

No primeiro dia do treinamento, cheguei mais cedo para preparar a sala e começar no horário agendado, às 9h. Poucos minutos antes das 9h, as pessoas já estavam lá esperando. Pelo que lembro, nunca testemunhei tamanha pontualidade. Fiquei tão impressionada que fiz questão de agradecer a todos. Recebi alguns olhares confusos antes de Chris explicar: "A integridade é um de nossos valores, o que significa honrar sua palavra. Se você disser que estará em uma reunião às 9h, você chegará às 9h."[2]

A outra situação aconteceu no final dos três dias, quando conversamos sobre o treinamento. Um dos membros seniores da equipe disse que precisava se desculpar comigo. Eu fiquei confusa, pois não fazia ideia do que poderia ser. Ele

---

[2] Essa é uma realidade distante, pois muitas pessoas se atrasam para reuniões. Elas se desculpam, sendo que tiveram tempo de pegar um cafezinho... Eu digo que é correr para o cafezinho.

explicou que, após o primeiro dia, considerou a prática do storytelling uma perda de tempo e acabou expressando sua opinião para alguns dos colegas. Mas, então, percebeu a vantagem de não apenas praticar, mas de compartilhar e coletar histórias. Ele concluiu: "Respeitando o nosso valor Comunipletude, que significa se comunicar de forma objetiva para evitar mal-entendidos, fiz questão de lhe contar."

Esses são apenas dois exemplos de muitos que eu poderia compartilhar. Os funcionários da Mekong Capital estão tão sintonizados com o significado dos valores que não apenas falam sobre eles, mas os demonstram em suas atitudes. Eles policiam uns aos outros e, o mais importante, a si mesmos para garantir que os valores e as atitudes estejam alinhados.

Chris disse que, embora seja difícil mensurar o sucesso do uso de histórias, "é evidente o aumento do ritmo e da independência das pessoas no trabalho".

A segunda prioridade da Mekong Capital é compartilhar histórias com as empresas que recebem investimento, chamadas de parceiras. Chris explicou: "Usamos histórias de parceiras para inspirar novas parceiras."

Ele forneceu um exemplo de uma parceira que estava relutante em implementar a Metodologia Ágil, concordando em fazê-lo apenas ao ouvir histórias de sucesso de outra parceira.

Geralmente, as histórias estão relacionadas aos quatorze elementos para mostrar às parceiras o que é possível, bem como para ensiná-las a implementar o modelo de Investimento Orientado pela Visão. Às vezes, essas histórias se combinam a estudos de caso, que explicam os processos e comunicam os resultados, mas sempre mantendo a natureza cativante do storytelling. A empresa vai além dos estudos de caso, demonstrando não apenas o como, mas também o porquê. Algo que eu chamo de casos de sucesso.

Esse é um ótimo exemplo de como histórias e estudos de caso podem funcionar em conjunto.

AS HISTÓRIAS, QUE INFLUENCIAM E INCENTIVAM AS PESSOAS, PODEM SER ACOMPANHADAS POR ESTUDOS DE CASO, QUE DEMONSTRAM OS PROCESSOS.

A terceira prioridade é compartilhar histórias com os potenciais investidores. As conversas com eles são cruciais para conectar, engajar e influenciar.

No passado, a Mekong Capital fazia reuniões no estilo de apresentação do PowerPoint, com fatos e números. Mas Chris explicou que, quando a empresa compreendeu o poder do storytelling, o formato mudou radicalmente, passando a focar as histórias.

Agora, a empresa inclui os líderes seniores, os líderes de negócio e a equipe júnior, pedindo-lhes que compartilhem algumas histórias relevantes. Chris me disse que os potenciais investidores "adoram" e que as histórias deixam as reuniões mais interessantes.

Ele também faz questão de compartilhar a história de um investimento fracassado, pois acredita que a transparência é importante. Chris explicou que a empresa sempre foi transparente, mas que essa história específica "desafia os limites, pois evidencia uma falha". Ele concluiu: "Ao compartilhá-la, demonstramos o compromisso em aprender para não cometer o mesmo erro, e a reação é sempre positiva."

Durante o lockdown do coronavírus, a Mekong Capital precisou fazer reuniões virtuais, então tive a oportunidade de participar de uma. A reunião foi literalmente chamada de "Compartilhamento de Histórias", e fez jus ao nome. A equipe explicou aos potenciais investidores seu compromisso com o storytelling. Nos noventa minutos seguintes, foram compartilhadas oito histórias, com tempo para perguntas ao final de cada uma delas.

Chris começou a reunião com a história do investimento fracassado, detalhando as principais lições aprendidas. Pude testemunhar a transparência da empresa e, o mais importante, seu aprendizado valioso de não repetir o mesmo erro.

A última prioridade é compartilhar histórias com o público em geral. A empresa seleciona algumas das quatrocentas histórias documentadas e as divulga em plataformas de mídia social, como Facebook, LinkedIn, Medium e Quora. Chris acredita que a principal vantagem é atrair pessoas talentosas. Ele procura potenciais funcionários que almejam fazer parte da cultura da Mekong Capital, entendendo os valores e, portanto, os comportamentos esperados antes de ingressarem na empresa.

Segundo Chris, é surpreendente a quantidade de pessoas que leem essas histórias nas mídias sociais e em seus e-mails:

> Muita gente manifesta apreço pelas histórias. Como abordam os valores centrais, elas ajudam a explicar o foco da Mekong Capital e possibilitam o contato com a cultura da empresa.

Uma última palavra de Chris. Quando perguntei sobre o impacto geral de comunicar as principais mensagens por meio de histórias, ele disse: "Tem sido um enorme sucesso — reconheço que essa iniciativa é muito eficaz e só tende a melhorar."

Confira e reflita

- Como você poderia incluir histórias nas reuniões de engajamento com os stakeholders?

- Como você poderia compartilhar histórias sobre funcionários em suas mídias sociais profissionais (e talvez pessoais)?

- Seus valores são compreendidos (realmente compreendidos) a ponto de influenciarem as atitudes e serem discutidos diariamente?

- Independentemente dos valores da sua empresa, como os líderes podem destacá-los para os funcionários? Histórias sobre seu impacto pessoal são uma opção?

- Você tem uma boa compreensão das diferentes mensagens que precisa compartilhar com públicos distintos? Você sabe quais são mais adequadas a cada um deles?

- Sua equipe se beneficiaria ao aprender como encontrar e compartilhar histórias de forma mais eficaz?

CASO DE SUCESSO

Transpower, Nova Zelândia

A Transpower New Zealand detém e opera a rede nacional de energia elétrica. Seus clientes diretos são grandes empresas de geração e distribuição de energia, mas seu trabalho afeta a vida de quase todos os neozelandeses.

Desde a sua criação, a Transpower opera a partir da visão simples e nobre de "manter as luzes acesas". No entanto, em 2016, a empresa enfrentou uma mudança inédita no setor devido às novas tecnologias, às alterações nos padrões de consumo e distribuição e à demanda de medidas urgentes para combater as mudanças climáticas.

Com toda essa incerteza no ambiente de negócios, havia uma preocupação crescente de que os funcionários não estivessem totalmente preparados ou engajados para enfrentar os desafios e as oportunidades. Uma pesquisa de engajamento realizada em 2016 revelou uma pontuação de apenas 62%.

A Transpower sabia que o alcance de objetivos estratégicos dependia da capacidade de adaptação e contribuição da sua força de trabalho. Mais importante ainda, a empresa queria que sua equipe enxergasse o próprio valor.

Além disso, a Transpower desejava representar melhor o país ao qual servia, criando uma força de trabalho mais diversificada. O setor de energia elétrica na Nova Zelândia era majoritariamente composto de profissionais do sexo masculino, então a empresa organizou reuniões com mulheres e grupos sub-representados para adquirir diferentes perspectivas. Essa iniciativa possibilitou que todos os funcionários tivessem voz na definição do novo direcionamento e da nova cultura organizacional.

Ao promover grupos focais em todos os seus escritórios, a empresa constatou uma confusão generalizada devido a anos de mensagens e campanhas de comunicação conflitantes.

Rebecca Wilson, diretora de comunicação, explicou:

> Havia uma verdadeira desconexão entre a marca e o propósito internos e externos — precisávamos de uma comunicação objetiva e de um senso de propósito e significado assertivo.

A estratégia, o propósito e os objetivos da Transpower estavam mudando para atender às necessidades do setor, da nação e da equipe, mas seus funcionários ainda pensavam "apenas mantemos as luzes acesas".

A Transpower precisava encontrar a essência da sua marca.

Quem define a sua marca?

Muitas organizações recorrem a consultores externos para definir sua marca. Foi o caso da Transpower, que contratou uma empresa de consultoria para liderar o processo. A finalidade era buscar um "porquê" central para permitir que os funcionários entendessem como seu trabalho se relacionava com o propósito e os objetivos da organização.

A empresa de consultoria conduziu entrevistas com todos os funcionários antes de apresentar uma proposta de rebranding de cima para baixo. A proposta era chamativa e impressionou as pessoas, mas falhou ao ser testada em níveis abaixo da gestão. Segundo Rebecca, não foi um desastre, mas errou o alvo.

Então, a Transpower voltou à estaca zero. Ela não estava interessada em uma "mera estratégia de rebranding". Os funcionários já haviam passado por lançamentos de valores e estavam cansados de inúmeros vídeos corporativos. A empresa queria não apenas dar vida à marca, aos propósitos e aos valores, mas mantê-los vivos.

A participação de Chris Dutton

Chris era consultor sênior de Comunicações Digitais da Transpower e trabalhou em estreita colaboração com Rebecca nesse projeto. Sua ampla experiência em marketing e comunicação o ensinou a procurar histórias que se vinculassem aos produtos vendidos.

Chris ratificou os comentários de Rebecca sobre a falta de alinhamento entre a mensagem comunicada aos funcionários e a mensagem comunicada aos clientes.

A proposta da consultoria não parecia autêntica. Chris e Rebecca sabiam que ninguém poderia contar a história da Transpower tão bem quanto a própria equipe. Eles precisaram reconsiderar a abordagem e, devido ao orçamento limitado e aos prazos exigidos, decidiram que o gerenciamento, o copywriting e a direção criativa do projeto seriam feitos internamente. A consultoria foi mantida, mas com foco no desenvolvimento de conteúdo da conferência de liderança.

Rebecca e Chris desenvolveram um projeto estratégico e integrado de comunicação a ser lançado na conferência de liderança, que aconteceria em noventa dias. Eles esperavam engajar corações e mentes, mas também transmitir informações-chave para o alcance de metas operacionais críticas.

O SUCESSO DO PROJETO SERIA MEDIDO PELA REAÇÃO DO PÚBLICO NA CONFERÊNCIA DE LIDERANÇA, PELA COMPREENSÃO DAS INFORMAÇÕES-CHAVE E PELA PONTUAÇÃO DE ENGAJAMENTO DOS FUNCIONÁRIOS.

O que o faz levantar da cama pela manhã?

Às vezes, fazemos essa pergunta metafórica para falar sobre motivação, mas, segundo Rebecca, quando se trabalha na empresa que detém a rede nacional de energia elétrica, é comum ter que levantar às 2h para resolver problemas.

Rebecca queria que Chris conduzisse sessões individuais com líderes seniores, influenciadores e cínicos para ouvir a voz da equipe e encontrar uma alternativa à proposta anterior. Ele visitou os cinco escritórios da Transpower em toda a Nova Zelândia a fim de engajar os funcionários, pedindo-lhes que contribuíssem para o projeto ao responder às seguintes perguntas:

- Qual é o aspecto mais entusiasmante do seu trabalho?
- Que papel você acha que desempenha na sociedade neozelandesa?
- Qual é a sua maior preocupação ou motivação em relação ao futuro?

No final de cada sessão, houve um último questionamento: "Por que você vem trabalhar todos os dias?" As sessões foram realizadas com pequenos grupos, e Chris conversou individualmente com as pessoas que tinham mais a dizer.

Rebecca afirmou que o aspecto mais positivo desses grupos focais foi a consistência nos temas. Mesmo que os funcionários não tenham mencionado a visão "manter as luzes acesas", os temas giraram em torno da importância de servir os neozelandeses para:

- garantir que as casas fiquem quentes no inverno;
- possibilitar que as pessoas façam o café da manhã antes do trabalho;
- manter empregos;
- tornar a Aotearoa (Nova Zelândia) uma sociedade mais sustentável;
- ajudar o próximo.

Após reunir essas informações, Chris e Rebecca começaram a definir a marca. Eles perceberam que o "porquê" da empresa não poderia ser inventado... e muito menos terceirizado. Eles concluíram que só precisavam refletir o espírito da equipe, em vez de promover algo novo.

Chris e Rebecca analisaram as respostas e identificaram um "porquê" impactante: "We're for New Zealand" [Apoiamos a Nova Zelândia].

Refletir o espírito

Embora a equipe da Transpower apoiasse a Nova Zelândia, a empresa sabia que só conseguiria refletir esse sentimento se conversasse com representantes do povo indígena da Aotearoa, os maoris. Foi uma decisão essencial.

Chris e Rebecca consultaram o *tangata whenua*, o povo da terra, para descobrir como expressar adequadamente o espírito de Apoiamos a Nova Zelândia em Te Reo Ma̅ori, a língua maori. A tradução apropriada era "Tu̅ Mai Aotearoa", que significa "juntos pela Nova Zelândia" ou "unidos pela Nova Zelândia".

Para ter certeza de que estavam no caminho certo, Chris conversou com alguns participantes dos grupos focais e testou o novo "porquê", contrapondo-o às primeiras opções apresentadas pela consultoria:

- Iluminamos a Nova Zelândia
- Energizamos a Nova Zelândia
- Apoiamos a Nova Zelândia — *Tu̅ Mai Aotearoa*

Até os cínicos preferiram a última opção, comprovando que a empresa estava na direção certa. A decisão de fazer internamente o gerenciamento, o copywriting, a direção criativa e a direção de vídeo do projeto possibilitou mais recursos ao design gráfico e à produção de materiais promocionais. Isso permitiu que a Transpower criasse um visual de alta qualidade que engajasse o público por meio de uma conexão mais humana, em vez de usar imagens de fios e torres, até então predominantes em sua comunicação.

O "porquê" da empresa era sobre a equipe. Então, era importante que todos os aspectos engajassem as pessoas em um nível humano.

Uma semana antes da conferência de liderança, a consultoria abandonou o projeto sem entregar o conteúdo, deixando a responsabilidade para Rebecca e Chris. Dois dias antes da conferência, eles deram os retoques finais em todo o material.

Pedir bis

Um vídeo de qualidade profissional, produzido para introduzir o Tu¯ Mai Aotearoa, foi exibido no primeiro dia da conferência de liderança como parte de uma apresentação feita por membros da administração geral. No dia seguinte, as apresentações se destinaram a refletir o porquê. Na conferência, os líderes de equipe engajaram os colegas em exercícios para incorporar o Tu¯ Mai Aotearoa.

Cada participante recebeu um grande livro impresso, que explicava a nova identidade de marca unificada e simplificada. Além disso, esse livro incluía o One Framework, um dispositivo de aprendizagem que fornecia uma representação visual facilmente assimilável do porquê, dos comportamentos, da declaração de missão e das seis prioridades estratégicas da empresa.

Mais importante ainda, o livro também apresentava o conteúdo do Tu¯ Mai Aotearoa, demonstrando como todos esses aspectos se vinculavam e dependiam uns dos outros.

Rebecca e Chris entregaram a primeira etapa do projeto dentro do prazo e do orçamento. Mas a verdadeira medida de sucesso seria a aceitação do Tu¯ Mai Aotearoa. Na conferência, a resposta foi extremamente positiva. Nas palavras de Chris: "O vídeo recebeu muitos aplausos, e vários participantes choravam enquanto assistiam." Rebecca e Chris ficaram impressionados quando, após um breve intervalo, os participantes pediram uma segunda exibição do vídeo.

Os líderes de equipe logo compreenderam a influência pessoal e profissional do "porquê", bem como a importância de tomar as medidas necessárias para se preparar para o futuro — tanto que introduziram exercícios imediatamente após a conferência, antes do lançamento formal do Tu¯ Mai Aotearoa.

Depois da conferência de liderança, o diretor-executivo apresentou o Tu¯ Mai Aotearoa em todos os escritórios da empresa. Os gestores de equipe utilizaram os materiais desenvolvidos para conduzir exercícios e definir metas trimestrais para cada funcionário.

Em toda a empresa, o Tu¯ Mai Aotearoa foi um despertar para a equipe. As pessoas começaram a usá-lo para explicar como seu trabalho e seus projetos ajudariam a Transpower a atender melhor às futuras necessidades da Nova Zelândia.

A administração geral reconheceu o empenho dos funcionários com o Tū Mai Aotearoa e decidiu incorporá-lo na nova sede corporativa, que estava sendo construída. Em 2017, no dia da inauguração, o slogan foi exibido nas janelas espelhadas do edifício, chamado Waikoukou.

Três meses depois, a Transpower contratou a Aon Hewitt para conduzir uma nova pesquisa de engajamento, alcançando uma pontuação de 75% — um aumento de 13% em relação ao ano anterior. Um resultado impressionante.

MAS O USO DE HISTÓRIAS NÃO SE RESTRINGIU AO NOVO SLOGAN E AO VÍDEO CORPORATIVO PROFISSIONAL.

À procura de histórias

Durante os grupos focais e as entrevistas, Chris ouviu histórias interessantes. Sua experiência em marketing havia lhe ensinado que as histórias não são poderosas apenas para vender produtos, mas para vender mensagens (nesse caso, as prioridades estratégicas da empresa). Confira-as:

- desempenhar um papel ativo no futuro do setor;
- desenvolver a eficácia organizacional;
- melhorar a gestão de ativos;
- reduzir custos e aprimorar o serviço para manter a competitividade empresarial;
- alinhar a infraestrutura à necessidade;
- preservar a licença social de operação.

Era evidente o que as histórias precisavam comunicar e demonstrar; Chris só tinha que encontrá-las. Ele começou a cavar mais fundo para identificar uma variedade de histórias que poderiam reforçar a intenção por trás das seis prioridades estratégicas. Ele constatou que seria útil "criar uma narrativa coletiva".

Ao longo dos anos, adquiri uma aversão à palavra "narrativa", pois ela é usada em excesso e muitas vezes de forma indevida, assim como "jornada". Mas Chris a utilizou apropriadamente. Uma narrativa compreende várias histórias que, juntas, pintam um quadro mais amplo. As histórias são independentes, mas integram uma narrativa maior, como peças de um quebra-cabeça.

Chris reconheceu que estava em uma "posição muito privilegiada". Para encontrar essas histórias preciosas, ele obteve acesso à equipe de liderança sênior e aos escritórios da Transpower. Ele era o detector de histórias.

Eu sei que não é um processo fácil e fiquei curiosa quanto à estratégia de Chris. Em suas palavras:

> *Para que as pessoas compartilhem histórias com você, é essencial conquistar sua confiança. É preciso passar muito tempo ouvindo, fazendo perguntas pertinentes e buscando uma conexão humana.*

Relembrando minha analogia do detector de metais, Chris fez as perguntas certas, sempre procurando quando e onde cavar mais fundo. Durante esse processo, ele identificou algumas histórias poderosas que poderiam integrar a narrativa abrangente.

Por exemplo, em seu modo "detector de histórias", Chris descobriu que dois jovens funcionários estavam trabalhando em drones. Parecia uma informação valiosa, então ele cavou mais fundo, constatando que não era apenas uma grande história sobre a tecnologia inovadora, mas também sobre a estratégia de "diversidade de pensamento".

Em um setor dominado por experientes profissionais do sexo masculino, ali estavam dois jovens usando aprendizado de máquina e algoritmos para liderar o caminho. Um deles era uma engenheira, que representava o futuro almejado pela Transpower: um mundo com mais maoris e jovens mulheres nas carreiras de STEM (Ciência, Tecnologia, Engenharia e Matemática).

Outra história detectada por Chris foi a do grande apagão em Northland, mencionada na Parte II.

O efeito cascata das histórias

Assim como o Tuˉ Mai Aotearoa, essas histórias se transformaram em vídeos amplamente divulgados. Externamente, eles foram compartilhados no site e nas plataformas de mídia social da empresa; internamente, foram incorporados no e-mail semanal do diretor-executivo para todos os funcionários. A empresa também publicou os vídeos no feed de notícias em sua intranet.

No saguão da sede, em Wellington, os vídeos são apresentados em uma parede interativa, na qual as pessoas podem explorar momentos-chave na história da Transpower. É um recurso proeminente, que recepciona todos os clientes, fornecedores, funcionários e visitantes.

O impacto dessas histórias foi tão grande que elas ganharam destaque nos veículos de comunicação. Emissoras nacionais fizeram reportagens sobre a Transpower e seu importante papel na economia de baixo carbono da Nova Zelândia, bem como seu uso de drones e robôs. A história do Tuˉ Mai Aotearoa foi apresentada na mídia impressa e televisiva.

Uma outra vantagem, que mostra o poder do efeito cascata de boas histórias, foi que os parceiros da Transpower também começaram a divulgar os vídeos. Por exemplo, as empresas subcontratadas compartilharam os vídeos do Tuˉ Mai Aotearoa, dos maoris e da herança cultural como parte de seus programas de treinamento. A Universidade de Canterbury usou o vídeo das mulheres na tecnologia para promover os cursos de STEM a alunas do ensino médio e aumentar a conscientização de potenciais parceiros corporativos. A Ngaˉti Rangi, uma tribo (*iwi*) da Ilha Norte, compartilhou o vídeo dos lagos Rangataua com seus líderes, e o Departamento de Conservação o postou em suas mídias sociais.

A estratégia de comunicação e engajamento se estendeu ao programa de integração da Transpower, reformulado com o uso do Tuˉ Mai Aotearoa e da narrativa coletiva. A sessão de dois dias foi reorientada em torno da equipe e de suas histórias para entrelaçar a experiência e as vozes de funcionários antigos e novos.

VÁRIOS VÍDEOS SÃO EXIBIDOS NA INTEGRAÇÃO, COM ATIVIDADES ELABORADAS PARA PERMITIR QUE NOVOS FUNCIONÁRIOS COMPARTILHEM SUAS HISTÓRIAS, CONECTANDO-SE COM O PROPÓSITO E OS VALORES DA EMPRESA.

Confira e reflita

- Você tem consistência e clareza em relação às mensagens comunicadas?
- Você envolveu os funcionários na sua marca desejada?
- Existem histórias que você poderia transformar em vídeos a serem compartilhados amplamente, como nas mídias sociais ou no saguão da sede?
- Seria possível compartilhar histórias que apoiarão você e seus parceiros?
- Você tem profissionais dedicados a descobrir essas histórias?
- Você poderia aproveitar um acontecimento significativo, talvez um aniversário, uma nova sede ou um novo logotipo, para encontrar histórias relevantes?

Conclusão

Espero que, ao finalizar este livro, você tenha obtido:

1. **Clareza** para entender o que é (e não é) o brand storytelling e para reconhecer o poder de compartilhar histórias magnéticas.
2. **Conhecimento** para implementar o brand storytelling em sua empresa.
3. **Inspiração** a partir do que as pessoas alcançaram com o brand storytelling.

Nenhuma organização é muito pequena ou muito grande para implementá-lo.

Lembre-se: sua marca são as histórias que os outros compartilham sobre você, então o encorajo a controlá-las melhor. Seja claro sobre qual é a sua marca e saiba como ela é influenciada pelas suas palavras e atitudes, que também originam histórias.

Como Tyrion Lannister disse no episódio final de *Game of Thrones*: "O que une as pessoas? Exércitos? Ouro? Bandeiras? Histórias. Não há nada no mundo mais poderoso do que uma boa história. Nada pode detê-la. Nenhum inimigo pode derrotá-la."[1]

Então, de agora em diante, que histórias magnéticas você vai compartilhar?

---

[1] Revelação: eu nunca assisti a *Game of Thrones*, mas, durante o episódio final, cerca de vinte pessoas me enviaram uma mensagem com essa frase.

Conecte-se comigo

Se você se identificou com este livro, eu adoraria que nos conectássemos. Como escritora, é sempre um prazer ouvir os insights e a inspiração dos leitores.

Eu trabalho virtualmente, em nível global, então, se você ou sua empresa quiser minha ajuda para implementar o brand storytelling, entre em contato. Se quiser que eu treine seus líderes ou dê uma palestra em sua próxima conferência, me envie um e-mail.

No meu site, você pode acessar o 7 Day Storytelling Starter Kit, que o ajudará ainda mais com as histórias!

Se você gostou desta obra, confira meus livros anteriores, especialmente *Stories for Work* e *Real Communication*.

Talvez você se interesse pelo meu podcast, *Authentic Leadership*, no qual entrevisto líderes empresariais sobre liderança e comunicação. Ele está disponível no iTunes e no SoundCloud.

As melhores maneiras de se conectar comigo são:

    E-mail — gabrielle@gabrielledolan.com

    Sites — gabrielledolan.com & jargonfreefridays.com

    LinkedIn — gabrielledolan

Instagram — gabrielledolan.1

Facebook — gabrielledolanconsulting

Twitter — GabrielleDolan1

Podcast — *Authentic Leadership*

YouTube — Gabrielle Dolan

DVS EDITORA

www.dvseditora.com.br

GRÁFICA PAYM
Tel. [11] 4392-3344
paym@graficapaym.com.br